DK 아틀라스 시리즈

우주대여행

글 헤더 쿠퍼 / 나이젤 헨베스트 · 그림 루치아노 코르벨라

THE SPACE ATLAS

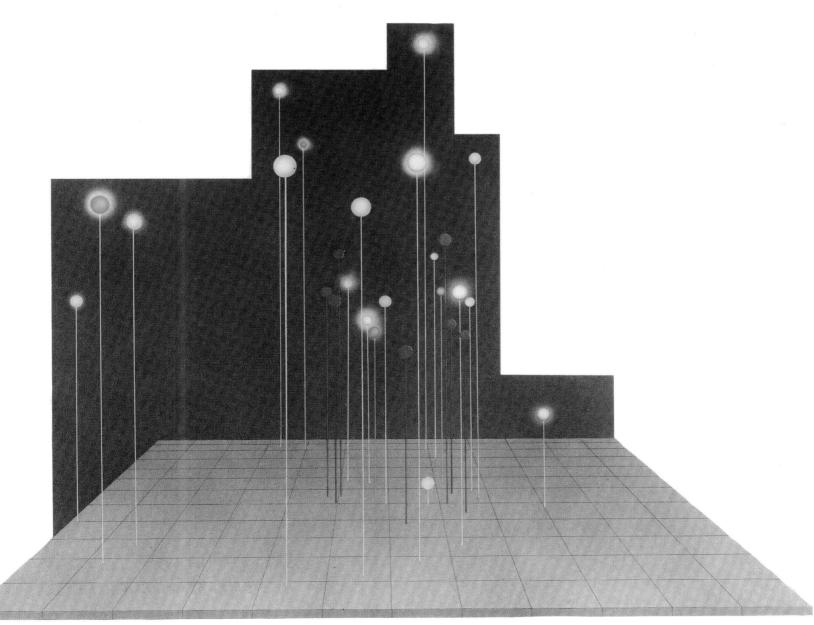

루덴스

A DORLING KINDERSLEY BOOK

Senior Art Editor Christopher Gillingwater · Project Editor Laura Buller / Constance Novis
Designer Dorian Spencer Davies · Production Neil Palfreyman and Marguerite Fenn
Managing Editor Susan Peach · Managing Art Editor Jacquie Gulliver
Medical Consultant Dr. Thomas Kramer MBBS, MRCS, LRCP

First published in Great Britain in 1992
by Dorling Kindersley Limited,
80 Strand, London, WC2R ORL

Original Title : The Space Atlas
Copyright ⓒ 1992 Dorling Kindersley Limited, London

Korean translation copyright ⓒ 2009 by Ludens Book
All rights reservsd.
The Korean edition was published by arrangement with Dorling Kindersley Limited, London

DK 아틀라스 시리즈

우주대여행 초판 11쇄 발행 2020년 6월 10일

펴낸곳 루덴스 · **펴낸이** 이동숙 · **글** 헤더 쿠퍼 / 나이젤 헨베스트 · **그림** 루치아노 코르벨라
번역 박인식 · **감수** 이시우 최석영 박영주 · **편집** 홍미라 박정익 · **디자인** 모현정 최소영
출판등록 제16-4168호 주소 서울시 송파구 송파대로 201 송파테라타워 B동 919호
전화 02-558-9312(3) · 팩스 02-558-9314

값 24,000원 · ISBN 979-11-5552-226-4

교과 과정 연계표

학년	단원	차례
초4	지표의 변화	지구
	지층과 화석	지구
	화산과 지진	지구
초5	태양의 가족	달/지구의 위성/태양계/수성/금성/지구/화성/목성/토성/천왕성/해왕성/명왕성/혜성/태양
초6	계절의 변화	지구
중1	지구의 구조	지구
중2	지구와 별	우주여행/우주에서의 생활/우주 이용/달을 향해/달/지구의 위성/태양계/새로운 탐사/수성/금성/지구/화성/목성/토성/천왕성/해왕성/명왕성/혜성/태양/가까운 별들/북반구 하늘의 별/남반구 하늘의 별/별의 생애/별의 노화와 죽음/은하 도시/국부 은하군/폭발 은하/대우주/거기 누구 있어요?
	지구의 역사와 지각 변동	지구
중3	태양계의 운동	달/지구의 위성/태양계/수성/금성/지구/화성/목성/토성/천왕성/해왕성/명왕성/혜성/태양
고1	태양계와 행성	달/지구의 위성/태양계/수성/금성/지구/화성/목성/토성/천왕성/해왕성/명왕성/혜성/태양
	별과 은하	가까운 별들/북반구 하늘의 별/남반구 하늘의 별/별의 생애/별의 노화와 죽음/은하 도시/국부 은하군/폭발 은하/대우주/거기 누구 있어요?
고등 지구 과학 I	천체의 관측	우주여행/새로운 탐사
	태양	태양
	달의 관측	달을 향해/달/지구의 위성
	행성의 관측	수성/금성/지구/화성/목성/토성/천왕성/해왕성/명왕성/혜성
	별의 밝기와 거리	가까운 별들/북반구 하늘의 별/남반구 하늘의 별
	태양계 탐사	태양계/새로운 탐사/수성/금성/지구/화성/목성/토성/천왕성/해왕성/명왕성/혜성
	우주관의 변천	우주에서의 생활/우주 이용
고등 지구 과학 II	별의 진화	별의 생애/별의 노화와 죽음
	은하의 분류	은하 도시/국부 은하군/폭발 은하
	우주 팽창	대우주
	우주의 탄생과 미래	대우주

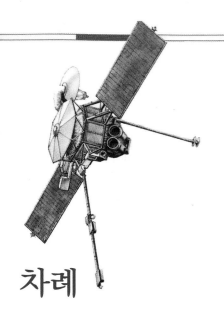

차례

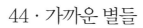
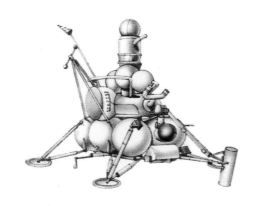

3

우주 로켓 발사대 *Launch Pad*

축척
본문 위의 가늘고
긴 띠는 주요 천문대의
해발 고도를 일정한 비율로
나타낸 것이다. 각 페이지에서
이 띠는 그때마다 일정한
축척으로 천체까지의
거리를 나타낸다.

지구 표면에서 150km 상공부터 시작되는 우주는 우리의 생활 속에 깊이 들어와 있다. 신문, 텔레비전, 그리고 일상에서 사용하는 통신수단이 모두 우주와 관계된다. 앞으로는 더욱더 우리와 뗄 수 없는 것이 될 것이다. 천문학자들은 몇 세기에 걸쳐 행성과 항성, 은하, 그 밖의 천체를 연구해 왔다. 평지의 거대한 포물형 안테나 (파라볼라 안테나), 산 위에 설치된 대형 망원경, 공중 천문대, 그리고 미지의 천체를 탐사할 목적으로 몇 백만 킬로미터에 이르는 여행을 계속하는 무인 탐사선 등 갖가지 관측 기기 덕분에 우주를 자세히 조사할 수 있게 되었다. 한국은 소백산과 보현산에 각각 지름 61cm, 1.8m짜리 광학망원경을 보유하고 있지만, 지름 25m 크기의 대형광학망원경을 개발하는 프로젝트인 '거대마젤란망원경 프로젝트'에 참여해 현재 최고 성능의 허블 우주망원경보다 10배 높은 해상도를 갖는 망원경을 2018년까지 칠레 라스 캄파나스 지역에 설치할 예정이다.

전파 망원경

우주에는 폭발 은하 같은 활동적인 천체를 비롯하여 에너지를 전파 형태로 내보내는 천체가 많다. 이 전파는 대기를 통과한 뒤 포물형 안테나에 잡힌다. 전파의 파장은 빛의 파장보다 길기(빛의 파장이 수백만 분의 1미터인데 비해 전파의 파장은 수백 미터에 이른다) 때문에 세밀하게 보기 위해서는 전파 망원경이 광학 망원경보다 훨씬 더 커야 한다. 오스트레일리아의 파크스에 있는 전파 망원경(왼쪽 사진)의 지름은 64m나 된다. 이런 전파 망원경을 이용해 천문학자들은 펄서나 퀘이사와 같은 새로운 천체들을 발견했다.

우주로 가는 출발점

로켓 발사 기지는 적도 부근에 모여 있다. 적도에 가까울수록 지구의 자전에 의한 운동 속도가 빨라 지구의 중력에서 벗어날 때까지 우주선을 가속시키는 데 도움을 주기 때문이다. 천문대 역시 적도 부근에 있는 것이 좋다. 하늘이 비교적 맑아 일 년 내내 남반구의 하늘과 북반구의 하늘 모두를 관측할 수 있기 때문이다. 한편, 전파 망원경은 구름이 있어도 볼 수 있기 때문에 영국, 독일, 오스트레일리아와 같이 위도가 높은 곳에도 많다.

- 로켓 발사기지
- 천문대
- 전파 망원경

하늘을 나는 천문대

카이퍼 공중 천문대(KAO)는 수송기를 우주 관측용으로 개조하여 적외선 파장을 관측하도록 한 것이다. 우주에는 적외선을 방출하는 천체가 많지만 적외선은 대기를 꿰뚫지 못한다. KAO는 대기가 엷어지는 고도 13,000m를 날기 때문에 구경 80cm의 망원경으로도 적외선을 쉽게 탐지할 수 있다. 1977년에 천왕성의 고리를 발견했다.

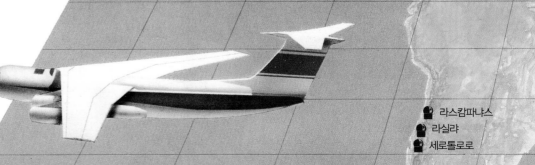

리크
반덴버그   오언스밸리   여키스
         홉킨스 산   그린뱅크
팔로마 산   키트피크
마우나케아 산   소코로   케이프커내버럴

아레시보
쿠루

라스캄파나스
라실랴
세로톨로로

하늘을 바라보는 눈

광학 망원경은 사람의 눈을 확대한 것이다. 빛을 한곳에 모으는 눈동자의 지름은 겨우 8mm이지만, 망원경은 빛을 모으는 거울의 면적이 훨씬 크다. 오른쪽 사진의 두 개의 돔 중에서 왼쪽 돔에는 지름 2.2m, 오른쪽 돔에는 지름 4m의 반사 망원경이 있다. 하와이에 있는 거울 지름 10m의(지름 1.8m의 육각형 거울 36개가 모여 지름 10m의 거울을 이루었다) 케크 망원경이 세계에서 가장 크다. 큰 거울은 많은 빛을 모아 육안으로 볼 수 있는 것보다 몇 백만 배 희미한 천체도 탐지할 수 있다. 또 그만큼 천체를 세밀히 볼 수도 있다. 하지만 오늘날 천문학자는 망원경을 들여다보지 않는다. 전자 탐지 장치가 훨씬 능률적으로 관측하여 자료를 컴퓨터에 보내 주기 때문이다.

미국 애리조나 주의 키트피크 국립 천문대

별을 향해

인류는 그동안 타이탄(사진)을 비롯한 갖가지 발사 로켓으로 수십 대의 우주선을 내보내 명왕성을 제외한 모든 행성을 탐사했다. 화성과 금성에는 우주선이 착륙했으며, 달에는 우주 비행사가 발자국을 남겼다.

앞으로 좀더 많은 사람이 태양계의 탐색에 나설 것이고, 그 무렵에는 달이나 화성에 기지가 건설될지도 모른다. 이 기지가 언젠가는 별을 향해 떠나는 여행의 출발점이 될 것이다.

플레세츠크

조드렐뱅크
케임브리지
에펠스베르크
당제
크리미아
카푸스틴 야르
바이코누르
주취안
칼라르 알토
제렌추스카야
가고시마
라팔마
소백산
노베야마
시창
다네가시마

스리하리코타

산마르코

서덜랜드
하르타비에스후크

나라브라이
사이딩 스프링
파크스

우주 여행 *Space Travel*

우주는 멀지 않다. 자동차를 타고 하늘을 향해 달릴 수 있다면 2시간이면 가는 거리이다. 그러나 몇 가지 문제가 있다. 첫째, 지구의 강한 중력이 모든 것을 아래쪽으로 잡아당기고 있다. 지구를 떠나기 위해서는 초속 11km, 즉 시속 약 4만km(지구 탈출 속도)를 낼 수 있어야 한다. 둘째, 우주에는 공기가 없다. 일단 우주로 나가면 공기에 의지해 기체를 지탱하거나 움직일 수가 없다. 하지만 로켓 엔진으로는 진공 속을 날 수 있고, 중력에서 벗어날 수 있을 만큼의 속력을 낼 수도 있다.

아리안 44LP 로켓

- 상부 페일로드(위성). 공기 역학적인 노즈 콘(로켓 등의 원추형 윗부분)이 붙어 있다.
- 보호 슈라우드 내의 하부 페일로드(위성)
- 제3단 : 액체 연료와 액체 산소가 든 탱크, 엔진 1대
- 제2 보호 덮개 (3단 엔진용)
- 제2단 : 액체 연료와 사산화질소가 든 탱크, 엔진은 1대
- 제1 보호 덮개 (2단 엔진용)
- 제1단 : 액체 연료와 사산화질소가 든 탱크, 엔진은 4대
- 액체 연료 부스터
- 고체 연료 부스터

고체 연료 부스터(로켓 발사의 추진력이 되는 로켓)는 40초 동안, 액체 연료 부스터는 135초 동안 연소한다. 모두 대서양에 버려진다.

하늘을 향한 삼단 도약

발사 로켓의 역할은 페이로드(인공위성이나 탐사선)를 우주 공간으로 보내는 것이다. 페이로드가 무거울수록 크고 강력한 로켓이 필요하다. 로켓은 연료와 기체도 실어야 한다. 그래서 유럽 우주 기구의 발사 로켓 아리안은 세 개의 로켓이 세로로 겹쳐진 형태로 되어 있다. 연료가 다 떨어지면 각 단은 차례로 떨어져 나가고 다음 단이 이어받는다. 왼쪽의 아리안 44LP는 많은 아리안형 로켓 중 하나이다.

궤도 진입

높은 탑 위에서 공을 던지면 중력에 의해 공은 지상의 ①지점에 떨어질 것이다. 좀더 빠르게 던지면 ②지점까지 갈 것이고, 더 세게 던지면 ③지점에 떨어질 것이다. 빠르게 던질수록 공은 멀리 날아가 비스듬히 땅 위에 떨어진다. 시속 2만 8천km로 던지면 공은 지면에 떨어지지 않고 궤도에 진입한다.④ 대기권 밖을 나는 우주선은 공기 저항이 없기 때문에 줄곧 이 속력으로 날 수 있다. 우주선이 지구의 중력에서 벗어나기 위해서는 시속 4만km의 속력을 내야 한다.

제2단은 70km 상공, 발사 3분 30초 뒤에 점화된다.

폭발 볼트가 페이로드에서 보호 슈라우드를 튕겨 낸다.

제1단과 제2단 사이의 보호 덮개를 버린다.

아리안의 우주 발사 궤도

제2단 낙하. 이때 아리안은 135km 상공을 초속 5.4km로 비행

제1단은 대기 속에서 산산이 부서져 떨어진다.

발사
프랑스령 기아나의 쿠루 발사 기지에서 발사

쿠루에서 가까운 갈료 기지에서 8분 30초 동안 추적

갈료

적도

대서양

아리안 궤도의 지표상의 그림자

남아메리카

나탈

발사 7분 뒤 브라질의 나탈 추적 기지의 관측 범위 안에 들어간다.

어센션 섬

우주를 향해 떠나는 여행

아리안의 출발지는 프랑스령 기아나의 쿠루 발사 기지이다. 발사 뒤 대서양을 동쪽으로 가로지른다. 탈출 속도를 얻기 위해 지구의 자전을 이용하는 것이다. 아리안이 우주로 나갈 때까지 각 단계를 줄곧 추적한다. 마지막 3단째 로켓이 페이로드(두 대의 인공위성)를 궤도에 진입시킨다. 소모형 로켓인 아리안은 재활용할 수 있는 부분이 전혀 없다.

12분 30초 뒤 어센션 섬의 추적 기지가 이어받는다. 각 기지의 추적 시간은 안전상의 이유로 언제나 서로 겹쳐진다.

리브르빌

마지막 궤도 진입 단계에서 가봉의 리브르빌 기지의 관측 범위 안에 들어간다.

우주 왕복선

우주 왕복선은 로켓의 대부분을 재활용해 경비를 줄였다. 이륙할 때 왕복선은 강력한 추진력을 발휘하는 두 개의 고체 연료 부스터에 의해 우주 공간으로 쏘아 올려진다. 임무를 수행한 부스터는 낙하산을 타고 바다 위로 떨어지고, 정비 후에 다시 사용된다. 부서져 못 쓰게 되는 부분은 왕복선 본체의 엔진에 연료를 공급하는 연료 탱크뿐이다. 탱크는 발사 8분 뒤에 버려지지만, 이때 이미 왕복선은 우주 공간에 들어가 있다. 1회 비행 기간은 보통 일주일인데, 그 사이에 비행사는 여러 개의 인공위성을 띄운다. 우주 공간에서 실험을 하거나 궤도 위에서 고장 난 위성을 수리하기도 한다. 임무를 마친 뒤 왕복선은 수백 장의 내열 타일의 보호를 받으며 대기권에 돌입해 공중을 미끄러져 날면서 돌아온다.

액체 수소와 액체 산소가 든 외부 연료 탱크

고체 연료 부스터 로켓

우주 왕복선 오비터(궤도 선회 우주선)

NASA(미국 항공 우주국)에는 현재 아틀란티스, 컬럼비아, 디스커버리, 엔데버 등 4대의 왕복선이 있다. (챌린저는 1986년에 폭발했다.) 모두 8인승이고, 길이 18.3m의 탑재실에는 29.5톤의 페이로드를 실을 수 있다.

성공리에 임무를 마친 우주 왕복선 '아틀란티스'가 캘리포니아 주 로저스 호의 바닥에 착륙하는 모습. 착륙했는데도 시속 350km로 달리고 있다.

우주 비행기

우주 비행기는 수평으로 이륙해 대기권 내에서는 공기 속의 산소를 사용하고, 우주 공간에 들어가면 엔진을 로켓 방식으로 바꾸어 진공 상태의 위성 궤도상에서도 엔진이 움직이게 한다. 개발 중인 우주 비행기의 엔진은 극비 사항이기 때문에 잘 알 수 없지만, 아마도 음속의 25배(마하25)로 날게 될 것이다. 런던에서 시드니까지 단 2시간만에 갈 수 있는 속도다.

젱어
독일에서 구상중인 2단식 우주 왕복선. 1단은 재래형 운반 비행기, 2단은 재활용형 우주선 호루스이다.

제3단 엔진을 12분간 가동시키면 아리안은 목표한 궤도에 이른다. 여기서 엔진을 끈다.

통신 위성을 분리하려는 순간, 그 아래 원통 속에 든 두 번째 위성은 뒤에 분리된다.

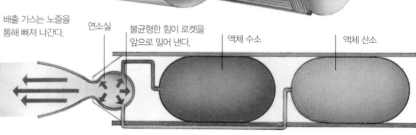

제3단에 점화되면 제2단의 보호 덮개는 낙하한다.

로켓은 어떻게 작동할까?

액체 수소와 액체 산소가 연소실 안에서 뒤섞여 끊임없이 폭발한다. 이 폭발로 연소실 뒤쪽을 제외한 벽면에 높은 압력이 가해지고, 배출 가스가 뒤쪽의 노즐을 통해 바깥으로 빠져 나간다. 반대로 연소실 앞쪽으로 강한 힘이 작용한다. 이 고온 가스 압력의 반작용이 로켓을 전진시킨다.

 아 프 리 카

배출 가스는 노즐을 통해 빠져 나간다.　연소실　불균형한 힘이 로켓을 앞으로 밀어 낸다.　액체 수소　액체 산소

주둥이가 벌어진 풍선처럼 로켓의 추진력은 배출 가스의 분사에만 의존한다. 그래서 공기 저항을 필요로 하지 않는다.

정밀한 수정

진로를 정하기 위해 어떤 항성에 대해 자신을 고정시킬 필요가 있을 때 인공위성은 위치를 수정한다. 자세 제어 엔진을 점화해 방향을 정밀하게 바꾼다.

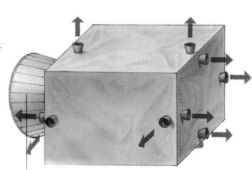

궤도를 바꾸는 데 쓰이는 주 엔진

어느 방향으로든 움직일 수 있도록 자세 제어 엔진이 여러 곳에 부착되어 있다.

우주에서의 생활 Living in Space

우주선 개발은 미국이 1960년대 말까지 인간을 달 표면에
세워 보이겠다며 구소련에 도전하면서 눈에 띄게 진보했다.
하지만 미국의 승리로 경쟁이 끝났을 때는 두 나라 모두
우주 비행을 비용이 많이 들고 위험한 일로 생각하게 되었다.
이제 우주 비행사들은 적은 비용으로 성과를 올려야만 했다.
구소련은 우주 정거장 살류트와 미르를 개발하여 이 길을
개척했다. 살류트나 미르에서 우주 비행사들은 몇 주일에서
길게는 몇 년 동안 실험을 계속했다. 미국도 현재 우주 왕복선
대신 우주 정거장을 건설 중이다. 장기간에 걸친
우주에서의 생활이 가능해진 것이다.

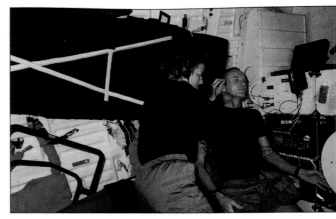

1989년, 비행 중인 우주 왕복선 '아틀란티스'에서 미국의 우주 비행사 섀넌 루시드가 선장 도널드 윌리엄스의 혈액 순환 상태를 점검하고 있다. 무중력 공간에서는 혈액 등의 체액이 어느 쪽이 위아래인지 모르게 된다.

출입구
소유즈의 도킹 포트로 통하는
에어록(기밀식) 출입구를 밀봉
한 묵직한 문을 점검하고 있다.

메인 컨트롤 데스크
우주 비행사는 이 장치로 미르의
시스템을 감시하고 제어한다.
선내에서 가장 좁은 곳이라
짧은 시간 동안만 일한다.

크반트 2 우주 비행사의 외부
활동을 보조하는 장비를 갖춘
지원 모듈(우주선의 일부를
이루지만 독립적으로 행동할
수 있음)

난간
우주선 밖에서 활동하는 비행사는
구멍식을 매거나 '활동용 조종 장치'를
갖추고 있지만, 자세를 유지하며 미르의
주위를 돌아다니는 데 난간이 도움을 준다.

태양 전자판
접어서 운반되고 설치된
뒤에 펼쳐진다. 미르에
에너지를 공급하고 있다.

소유즈 미르로 승무원을
운반하는 연락선
정원은 2~3명.

크반트
지상에서는 불가능한 천체
관측을 할 수 있는 장치를
싣고 있다.

무중력
우주 비행사는 마치 중력이
없는 것처럼 선내를 떠다닌다.
궤도상의 미르와 비행사가
같은 속도로 낙하하고 있기
때문이다. 즉, 외관상의 무중력이다.

메인 모듈
우주 비행사는
여기에서 생활하고
일한다. 길이는
13미터. 몇 개월씩
머물 때가 많다.

크리스탈 재료 가공 실험을
위해 설계된 모듈.
우주 공간에서는 순도와
신뢰성이 매우 높은 전자
회로용 반도체를 만들 수
있다.

프로그레스 미르와 지구
사이에 화물을 주고받기
위한 무인 우주선

도킹 모듈 구소련판 우주
왕복선 부란을 미르에 연결하기
위한 것

미르
우주 정거장은 너무 크고 무거워 지상에서 건조해
궤도상에 진입시키기가 불가능하다. 때문에 짜 맞출
수 있는 모듈을 사용해 우주에서 조립한다. 미르도
그렇게 만들어졌다. 1986년에 발사된 미르의 기본
모듈은 여섯 개의 도킹 포트를 가지고 있어 시간과
비용만 허락되면 얼마든지 다른 모듈을 연결할 수 있다.

우주에서 살 수 있을까?

우주를 여행하는 사람의 반은 처음 경험하는
무중력 상태 때문에 우주 멀미에 시달린다.
그러나 더욱 큰 문제는 체액의 순환 변화에 대해
간장이나 심장 등의 체내 기관이 대처할 수 있느냐
하는 것이다. 얼굴은 혈액 순환이 잘 돼 비행사가
일시적으로 젊어진 것처럼 보이지만, 근육이 약해지기
때문에 운동이 필수적이다. 가장 큰 문제는 칼슘이
결핍되어 뼈가 약해지는 것이다. 더군다나 장기간에
걸친 비행이 가져오는 심리적 영향도 큰 문제이다.

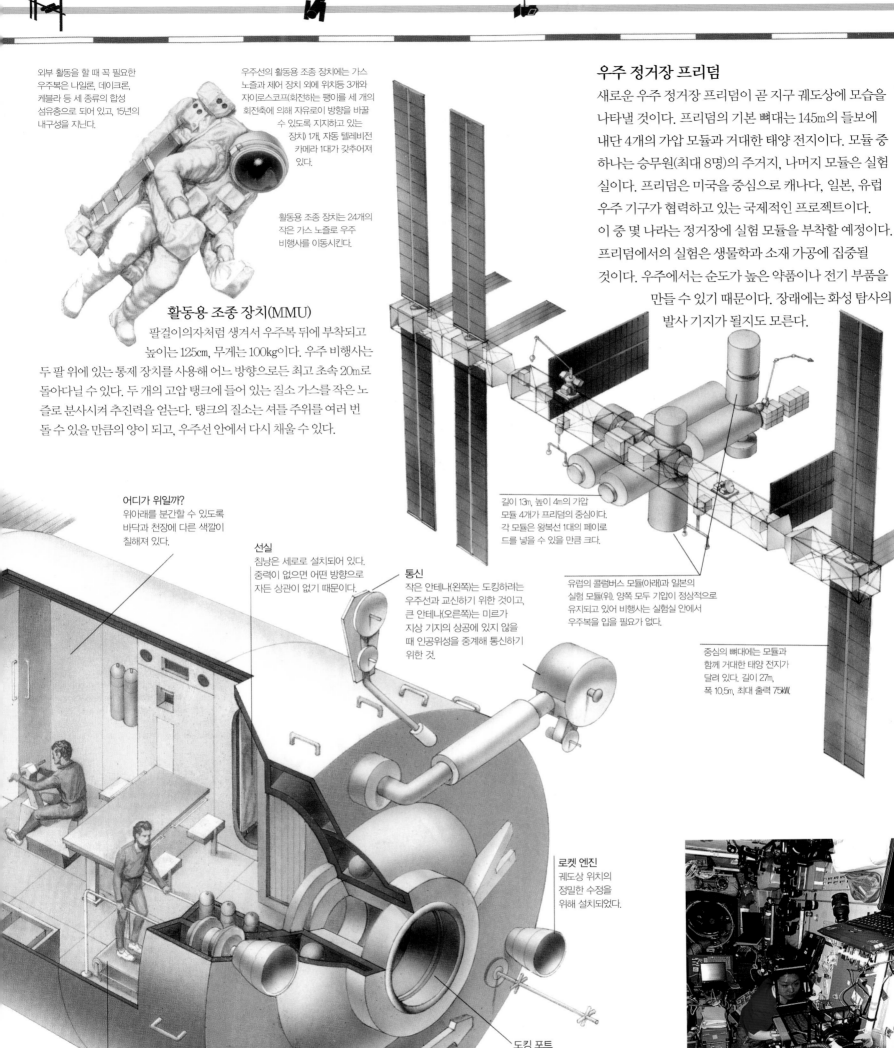

외부 활동을 할 때 꼭 필요한 우주복은 나일론, 데이크론, 케블라 등 세 종류의 합성 섬유층으로 되어 있고, 15년의 내구성을 지닌다.

우주선의 활동용 조종 장치에는 가스 노즐과 제어 장치 외에 위치등 3개와 자이로스코프(회전하는 팽이를 세 개의 회전축에 의해 자유로이 방향을 바꿀 수 있도록 지지하고 있는 장치) 1개, 자동 텔레비전 카메라 1대가 갖추어져 있다.

활동용 조종 장치는 24개의 작은 가스 노즐로 우주 비행사를 이동시킨다.

활동용 조종 장치(MMU)
팔걸이의자처럼 생겨서 우주복 뒤에 부착되고 높이는 125cm, 무게는 100kg이다. 우주 비행사는 두 팔 위에 있는 통제 장치를 사용해 어느 방향으로든 최고 초속 20m로 돌아다닐 수 있다. 두 개의 고압 탱크에 들어 있는 질소 가스를 작은 노즐로 분사시켜 추진력을 얻는다. 탱크의 질소는 셔틀 주위를 여러 번 돌 수 있을 만큼의 양이 되고, 우주선 안에서 다시 채울 수 있다.

우주 정거장 프리덤
새로운 우주 정거장 프리덤이 곧 지구 궤도상에 모습을 나타낼 것이다. 프리덤의 기본 뼈대는 145m의 들보에 내단 4개의 가압 모듈과 거대한 태양 전지이다. 모듈 중 하나는 승무원(최대 8명)의 주거지, 나머지 모듈은 실험실이다. 프리덤은 미국을 중심으로 캐나다, 일본, 유럽 우주 기구가 협력하고 있는 국제적인 프로젝트이다. 이 중 몇 나라는 정거장에 실험 모듈을 부착할 예정이다. 프리덤에서의 실험은 생물학과 소재 가공에 집중될 것이다. 우주에서는 순도가 높은 약품이나 전기 부품을 만들 수 있기 때문이다. 장래에는 화성 탐사의 발사 기지가 될지도 모른다.

길이 13m, 높이 4m의 가압 모듈 4개가 프리덤의 중심이다. 각 모듈은 왕복선 1대의 페이로드를 넣을 수 있을 만큼 크다.

유럽의 콜럼버스 모듈(아래)과 일본의 실험 모듈(위). 양쪽 모두 기압이 정상적으로 유지되고 있어 비행사는 실험실 안에서 우주복을 입을 필요가 없다.

중심의 뼈대에는 모듈과 함께 거대한 태양 전지가 달려 있다. 길이 27m, 폭 10.5m, 최대 출력 75kW.

어디가 위일까?
위아래를 분간할 수 있도록 바닥과 천장에 다른 색깔이 칠해져 있다.

선실
침낭은 세로로 설치되어 있다. 중력이 없으면 어떤 방향으로 자든 상관이 없기 때문이다.

통신
작은 안테나(왼쪽)는 도킹하려는 우주선과 교신하기 위한 것이고, 큰 안테나(오른쪽)는 미르가 지상 기지의 상공에 있지 않을 때 인공위성을 중계해 통신하기 위한 것.

로켓 엔진
궤도상 위치의 정밀한 수정을 위해 설치되었다.

도킹 포트
본래는 도킹하는 소유즈나 프로그레스를 위해 사용되었던 것이지만, 현재는 크반트 천체 관측 모듈이 영구적으로 부착되어 있다.

운동
무중력 상태는 뼈나 근육을 약화시키기 때문에 우주 비행사는 러닝머신이나 자전거 위에서 운동을 하며 많은 시간을 보내야 한다.

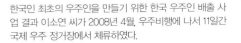

한국인 최초의 우주인을 만들기 위한 한국 우주인 배출 사업 결과 이소연 씨가 2008년 4월, 우주비행에 나서 11일간 국제 우주 정거장에서 체류하였다.

우주 이용 *Space at Work*

30년 전만 해도 국제 전화는 생소한 단어였으며,
텔레비전 방송국은 세계의 최신 뉴스 필름을 비행기로 실어
날랐다. 그러나 오늘날에는 통신 위성을 통해 수천 회선의
전화와 수십 채널의 텔레비전 전파를 동시에 중계할 수 있다.
그 밖에도 위성은 일기 예보, 비행기나 배의 항로,
석유 등의 자원 탐사 등에 도움을 준다.
발사비용이 많이 들기는 하지만,
인공위성은 그 가치를 충분히
발휘하고 있다.

우주에서 바라본 샌프란시스코 만(랜드샛 화상) 금문교(왼쪽 윗부분)를 비롯한 여러 개의 다리가 보인다. 바닷물의 색깔이 다른 것은 각종 조류 때문이다.

랜드샛
미국의 랜드샛 계획은 1972년 이래 계속되고 있다.
승용차 크기의 최신형 위성 2대가 지구의 극궤도를
돌고 있는데, 지구의 자전 덕분에 지표면을 빠짐없이
관측할 수 있다. 랜드샛에서 보내오는 화상은
광물 자원의 탐사, 재해 지역의
조사 등에 이용되고 있다.

궤도 변경
통신 위성은 우주 왕복선에서
발사된 뒤 더 높은 궤도로 옮겨
간다. 목적한 궤도에 도달하기
위한 추진력을 얻기 위해 로켓
엔진을 싣고 있다.

우주에 떠 있는 망원경
최초로 궤도상에 발사된 망원경은
허블 우주 망원경이다. 대기 때문에
보통은 상이 퍼져 보이는데,
이 망원경은 대기 밖에 있어서
선명한 우주를 볼 수 있다.

조기 경보
미국의 미사일 경계 위성에 부착된
적외선 감지기가 핵미사일이 내뿜는
열을 탐지한다. 초고성능 카메라를
갖춘 군사 위성을 이용해 150km
상공의 궤도 위에서 지상에 서 있는
사람도 식별할 수 있다.

구소련의 하늘 위를
통신 위성 몰니야는 구소련령
상공을 가장 오래 나는
'편심 궤도' 위를 돌고 있다.

② 나브스타
③ 우주 왕복선
① 아이라스
몰니야

기상 관측

궤도 위의 기상위성은 구름의 움직임을 알아내고, 기상 통보관은 이 정보를 이용하여 이튿날의 날씨를 예보한다. 예보는 특히 농사를 짓는 사람들에게 절대적으로 필요하다. 예보에 따라 오래 익힌 작물을 비나 강풍이 몰아치기 직전에 수확할 수 있다. 태풍이 다가오는 것도 사전에 알 수 있기 때문에 안전 대책을 강구할 수 있다. 농사 예보나 태풍 경보 덕분에 입지 않는 피해를 돈으로 환산하면 엄청나기 때문에 기상 위성에 든 비용보다 훨씬 많은 이득을 보고 있다.

두 대의 정지 기상 위성(GOES) 중 한 대가 촬영한 것 이 두 위성은 각기 다른 상공에 정지해 있다.

관찰 일기

• 해가 지고 난 직후나 해가 뜨기 직전에는 위성이 햇빛을 반사해 인공위성을 찾기 쉽다. 궤도상에는 육안으로 보이는 위성이 10여 개 있다.
• 비교적 밝고 발견하기 쉬운 것은 우주 왕복선이나 미르 같은 커다란 비행체이다. 이것들은 저고도궤도를 돌고 있다.
• 위성의 잔해가 대기권에 다시 돌입할 때의 불꽃이 볼 만하다. 저고도궤도에는 버려진 발사 로켓에서부터 위성, 심지어는 우주 비행사의 장갑에 이르기까지 잡다한 것들이 가득 들어차 있다. 이것들은 모두 결국 지구로 떨어진다.

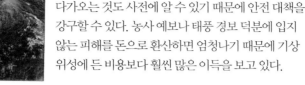

국제 자외선 탐사 위성(IUE)
우주에서 날아오는 자외선을 조사하는 천체 관측 위성이다. 1978년에 발사되어 지금도 가동되고 있다. 이 위성 덕분에 블랙홀의 무게까지 측정할 수 있게 되었다.

메테오샛
대서양 위에 정지해 있는 유럽의 기상 위성. 서쪽에서 유럽으로 다가오는 날씨뿐만 아니라 지중해 날씨도 관측한다.

콤스타
미국이 쏘아올린 정지 통신위성 중 하나. 최신형 콤스타는 알래스카와 푸에르토리코를 포함한 전 미국의 전화 1만 8천 회선을 중계할 수 있다. 위성 본체의 전체 길이는 5m이고,그 위에 붙은 '올빼미 눈'이 신호 송수신용 안테나이다.

① 아이라스
우주 적외선의 출처를 검출하기 위해 설계된 위성 아이라스는 25만 개의 천체를 새로 발견했다. 그 가운데는 탄생 과정에 있는 별이나 먼지를 흩뿌리는 혜성, 폭발 은하 등이 있다.

② 나브스타
배나 비행기의 항행 방식을 새롭게 바꾼 미국의 위성 시스템. 지구 어디서나 이 위성으로부터 신호를 수신하면 100m 이내의 오차로 자신의 위치를 알 수 있다.

③ 우주 왕복선
미국의 우주 왕복선은 약 300km의 저고도 궤도에 도달할 뿐이지만, 이 고도에서도 많은 위성을 지원하거나 수리할 수 있다. 왕복선에서 다른 궤도로 위성을 발사할 수도 있다.

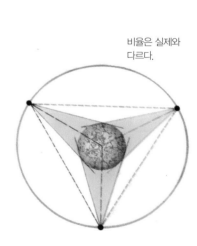

비율은 실제와 다르다.

궤도의 종류

위성은 역할에 따라 다른 궤도를 택한다. 우주 왕복선이나 구소련의 미르는 가장 도달하기 쉬운 저고도궤도(고도 약 300km)에 있다. 양극의 상공을 남북으로 도는 극궤도는 지구가 자전함에 따라 전 지표면을 관찰할 수 있기 때문에 탐사 위성이나 첩보 위성의 궤도로 선택된다. 구소련은 이심궤도를 자주 이용했다. 궤도상의 위성이 자국 상공에 오랫동안 머물기 때문이다. 기상 위성이나 통신 위성은 한 지점에서 넓은 지역을 바라볼 수 있는 정지궤도를 이용한다.

이심궤도
극궤도
정지 궤도
저고도 궤도

정지궤도

위성이 지구를 도는 주기는 궤도의 높이에 의해 결정된다. 궤도가 낮을수록 위성은 지구의 인력에 대항하기 위해 빠르게 날지 않으면 안 된다. 적도 위 35,880km 상공에 위치하는 위성은 정지궤도에 있다고 한다. 이 위성은 지구 자전 시간과 똑같이 24시간마다 궤도를 한 바퀴 돌므로 어느 한 지점의 상공에 떠 있는 것처럼 보이기 때문이다. 통신위성 3개를 정지 궤도상에 간격이 같게 배치하면 지구 어디서든 통신할 수 있다.

달을 향해 *To the Moon*

아폴로 15호의 데이비드 스콧 선장. 바람이 불지는 않지만 나부끼는 것처럼 보이기 위해 성조기가 빳빳하게 제작되었다. 이때 처음으로 월면차(오른쪽)가 사용되었다.

달은 지구에서 384,400km밖에 떨어져 있지 않다. 1959년 9월 13일, 구소련이 최초의 탐사선 루나 2호를 달 표면에 발사했다. 2년 뒤 미국의 케네디 대통령이 1960년대 말까지 인류를 달에 보내겠다고 공표하고 1969년 7월 21일, 이를 실현했다. 미국이 마지막으로 달에 우주 비행사를 보낸 1972년 이후에는 구소련의 달 탐사선 루나 3대만 보내졌고, 그나마도 1976년 이후에는 중단되었다. 그러나 최근 몇몇 나라가 새로운 형태의 달 탐사에 관심을 보이고 있다. 달 표면에 사람들이 생활할 수 있는 기지를 건설하여 달에 매장되어 있는 풍부한 광물 자원을 캐내려는 것이다.

달로 가는 길
1969년 6월, 달을 향해 떠난 최초의 유인 우주선 아폴로 11호를 비롯해 이후 다섯 번의 달 여행 경로는 비교적 단순했다.

⑮ 지구에 접근하면 3명의 비행사를 실은 사령선은 기계선을 떼어 낸다.

2단째 엔진이 연료를 다 써 버리면③ 3단째 엔진이 점화되어 아폴로 우주선을 궤도에 진입시킨다.④

발사
케이프커내버럴에서 발사된① 뒤 60km 상공에서 새턴 5형 로켓의 단을 떼어낸다.②

착수
마찰열에 타서 그을린 사령선⑰이 낙하산을 타고 바다 위에 착수⑱

고도 120km에서 대기권에 재돌입 ⑯

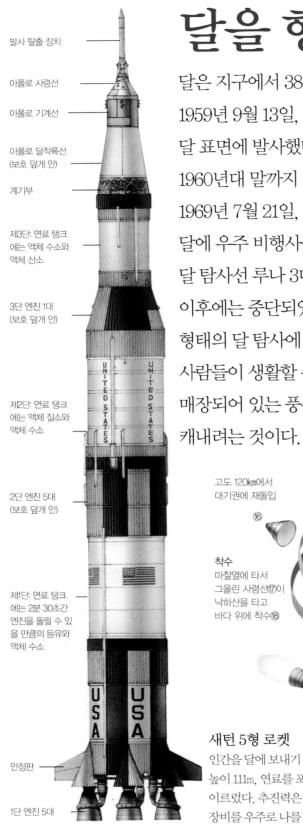

새턴 5형 로켓
인간을 달에 보내기 위해 건조된 3단식 로켓. 높이 111m, 연료를 포함한 무게는 2,910톤에 이르렀다. 추진력은 3,500톤이고, 140톤의 장비를 우주로 나를 수 있었다.

왼쪽 라벨 (위에서 아래로):
- 발사 탈출 장치
- 아폴로 사령선
- 아폴로 기계선
- 아폴로 달착륙선 (보호 덮개 안)
- 계기부
- 제3단: 연료 탱크 에는 액체 수소와 액체 산소
- 3단 엔진 1대 (보호 덮개 안)
- 제2단: 연료 탱크 에는 액체 질소와 액체 수소
- 2단 엔진 5대 (보호 덮개 안)
- 제1단: 연료 탱크 에는 2분 30초간 엔진을 돌릴 수 있을 만큼의 등유와 액체 수소
- 안정판
- 1단 엔진 5대

⑤ 190km 상공의 궤도를 돈 뒤 다시 3단째 로켓에 점화하고, 아폴로 우주선은 달로 향한다.

⑥ 사령선과 기계선을 3단째 로켓에서 분리하고, 착륙선의 보호 덮개가 열리게 한다.

달 표면 착륙
수십 대의 탐사선이 달 표면에 착륙했다. 하지만 달 표면에 충돌하지 않고 최초로 사뿐히 착륙한 것은 1966년 2월 13일, 구소련의 탐사선 루나 9호였다.

루나 9호
달 표면을 굴러다닌 뒤 '꽃잎'이 벌어지며 안테나가 튀어나오고, 텔레비전 카메라가 최초로 영상을 보내 왔다.

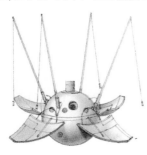

서베이어
1966년부터 1968년에 걸쳐 미국의 서베이어 5대가 달 표면에 착륙했다. 8만 장의 사진을 지구에 전송했으며, 달의 지면이 아폴로의 착륙선을 지탱할 수 있는지 확인했다.

루나 16호
1970년, 우주 비행사의 손을 빌리지 않고 달의 흙을 지구로 갖고 돌아왔다. 표토에서 샘플을 떠낸 뒤 그것을 로켓이 부착된 캡슐에 넣고, 캡슐을 지구로 발사한 것이다.

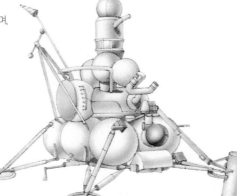

루노호트 1호
바퀴와 뚜껑이 달린 무게 500kg의 루노호트는 1970년부터 1971년에 걸쳐 달 표면을 10km 이상 돌아다녔다. 지구에서 다섯 명이 무선 조종했다.

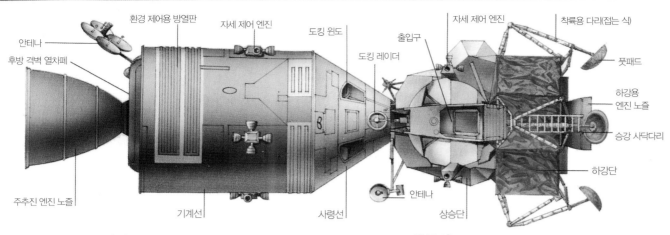

환경 제어용 방열판　자세 제어 엔진　도킹 윈도　자세 제어 엔진　착륙용 다리(접는 식)
안테나　출입구
후방 격벽 열차폐　도킹 레이더　풋패드
하강용 엔진 노즐
승강 사닥다리
주추진 엔진 노즐　기계선　사령선　안테나　하강단
상승단

달 표면에서 며칠을 보낸 뒤 우주 비행사는 착륙선의 아래 부분과 불필요한 물건을 남기고 이륙한다.

사령선과 기계선

우주 조종사가 대부분의 시간을 보내는 사령선은 기계선의 생명 유지 장치와 연결되어 있다. 기계선 안에는 비행사가 호흡하는 산소, 전기를 일으키거나 수소와 산소로 음료수를 만드는 연료 전지가 실려 있다. 로켓도 실려 있어 우주선은 달 궤도에 진입하거나 지구로 돌아올 수 있다.

착륙선

주엔진은 착륙할 때, 부엔진은 이륙할 때 사용한다. 달에는 공기가 없기 때문에 착륙선은 공기 역학적인 형태를 취할 필요가 없다.

착륙선은 두 명의 비행사를 태우고 분리되어⑨ 달 표면에 착륙한다⑩

귀환 도중에 정확히 지구와 만날 수 있도록 궤도를 수정 ⑭

3단을 분리하고, 연결된 우주선은 도중에 달의 둘레를 도는 궤도에 진입하도록 궤도 수정을 한다. ⑧

⑫ ⑩ ⑪

사령선에 혼자 남은 비행사는⑪ 착륙선을 탄 두 사람이 다시 이륙해 오길 기다린다⑫

착륙선은 일단 사령선과 도킹한 뒤 폐기된다. 기계선 로켓으로 비행사는 귀로에 오른다. ⑬

지구로 귀환

거대한 새턴 5형 로켓 중 지구로 돌아오는 것은 높이 3m의 사령선과 3명의 우주 비행사뿐이다. 낙하산을 타고 바닷물 위에 착수한 뒤 헬리콥터에 건져올려져 배 위로 옮겨진다.

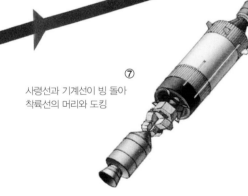

사령선과 기계선이 빙 돌아 착륙선의 머리와 도킹 ⑦

착륙선으로의 통로
출입구
소형 엔진
도킹 윈도우　재돌입 열차폐

아폴로

우주 비행사를 태우고 달 표면에 착륙한 탐사선은 6대의 아폴로 착륙선뿐이다. 착륙선은 승무원 2명, 높이 7m, 무게 14톤.

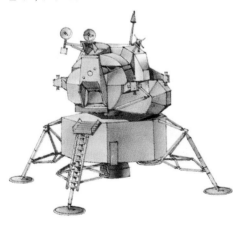

달 기지

2050년경의 달 표면 채굴 기지의 상상도. 주민은 원통형의 가압 모듈 속에서 생활한다. 모듈은 극단적으로 변하는 달의 기상이나 작열하는 태양 복사열로부터 주민을 보호하기 위해 흙 속에 묻혀 있다.

달 *The Moon*

달은 지구의 위성이다. 크기가 지구의 4분의 1
남짓해서 지구와 달은 이중 행성에 가깝지만,
비슷한 면은 거의 없다. 지구에는 끊임없이 변하는
지표와 큰 바다, 행성을 보호하는 대기가 있지만,
달은 대기가 없는 불모의 세계이다.

아폴로 11호의 비행사가 지구로 돌아오는 도중에 본 달

지구

이중 행성
모행성에 대해 지구의 달만큼
큰 비율을 지닌 위성은 명왕성의
카론뿐이다. 달의 적도는 태양을 도는
지구의 궤도보다 5.1° 더 기울었다.
달의 자전주기는 27.3일로, 지구를 도는
공전 주기와 같다.

5.1°

변하지 않는 운석 구덩이(크레이터)
46~35억 년 전, 태양계 초기에 많은 운석이 달과 충돌했다.
그때 달의 표면에 생긴 구덩이가 대부분 그대로 남아 있다.
달에는 대기나 화산, 지진이 없기 때문이다.

검은 플라톤
'바다'와 마찬가지로 운석이 충돌한 뒤
용암이 스며 나와 식으며 굳어 검은
바위가 되었다.

로맨틱한 이름
감로주의 바다는 영원히 늙지도 죽지도
않는 신들의 술 '넥타르'에서 붙여진 이
름이고, 맑음의 바다는
'화창함'을 뜻한다.

비의 바다
바다라 불리는 이 어둡고 평탄한
곳은 일찍이 폭 1000km 정도의
구덩이였다. 40억 년쯤 전에 형성
되었는데, 그 뒤 용암이 스며 나
와 식으며 굳어 평지가
되었다.

헤무스 산맥
헤무스 산맥은
바다로 불리는
거대한 크레이터를
에두른다. 산맥의
봉우리는 높이가
수천 미터에
이른다.

젊은 구덩이
이 구덩이는
비교적 최근에
생긴 것이다.
특히 코페르니
쿠스는 약 8억 년
전에 생겼다. 빛살
모양은 운석이 떨어
질 때의 충격으로
날아간 밝은 색깔의
암석 조각이다.

고지대
바다 사이에
있는 달의
고지대는 바다
나 저지대보다
울퉁불퉁하고 밝으
며, 생성 연대도 더
오래 되었다.

크레이터의 이름
지구에서 보이는 앞면의 구덩이는
역사상 유명 인물의 이름을 따서
붙였다. 대부분은 천문학자들이다.

지도 라벨들:
허셜 / 파타고라스 / 얼음의 바다 / 들루루 / 아틀라스 / 아리스토텔레스 / 이슬의 만 / 플라톤 / 알프스 산맥 / 에우독소스 / 헤르쿨레스 / 유라 산맥 / 무지개의 만 / 카시니 / 카프카스 산맥 / 포시도니오스 / 클레오메데스 / 비의 바다 / 아리스틸루스 / 아르키메데스 / 맑음의 바다 / 아리스타르코스 / 아페닌 산맥 / 헤무스 산맥 / 카르파티아 산맥 / 에라토스테네스 / 증기의 바다 / 폭풍의 대양 / 스타디우스 / 고요의 바다 / 코페르니쿠스 / 올리우스·카이사르 / 타란티우스 / 케플러 / 란스베르크 / 히파르코스 / 멜랑브로 / 엥케 / 헤벨리우스 / 프램스티드 / 프톨레마이오스 / 랑그레누스 / 프라마우로 / 테오필루스 / 그리말디 / 일폰수스 / 알바테그니우스 / 카릴루스 / 벤델리누스 / 르트론 / 아르자켈 / 카타리나 / 프리카스트라우스 / 메르세니우스 / 구름의 바다 / 불리알도스 / 크루젠슈테른 / 페타비우스 / 피콜로미니 / 감로주의 바다 / 가상디 / 피타토스 / 푸르바흐 / 훔볼트 / 습기의 바다 / 푸른네비우스 / 회르방커 / 월터 / 안센 / 슈퇴플러 / 마우롤리쿠스 / 빌헬름 / 시커드 / 롱고몬타누스 / 티코 / 마기누스 / 실러 / 바어 / 클라비우스

앞면
달은 자전속도와 지구를 도는
공전 속도가 같다. 옛날, 달의 자전 속도
는 좀더 빨랐지만, 지구의 인력이 제동을 걸었다.
그래서 항상 지구에 같은 면(앞면)만 보이고 있다.
천문학자들은 지구와 우주에서의 관측을 토대로
이 앞면의 지도를 상세히 그렸다.

착륙 지점
지도는 12명의 아폴로 비행사,
구소련의 루나, 미국의 서베이어,
레인저의 15개 착륙 지점을 보여
준다.

⑦ 레인저(7, 8, 9호)
⑨ 루나(9, 13, 16, 17, 20, 21, 24호)
① 서베이어(1, 3, 5, 6, 7호)
⑪ 아폴로(11, 12, 14, 15, 16, 17호)

달의 내부

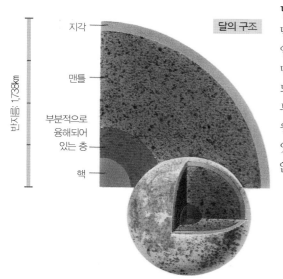

달의 구조

반지름: 1,738km

지각
맨틀
부분적으로 융해되어 있는 층
핵

단단한 지각은 화강암과 비슷한 암석으로 되어 있고, 지각 아래 맨틀은 좀더 거무스름한 암석으로 되어 있다. 더 깊은 곳은 암석이 부분적으로 녹아 있고, 이 부분에서 월진이 일어난다. 핵은 철로 되어 있을 것으로 생각되지만, 확실하지 않다.

달 자료

직경	3,476km
지구로부터의 평균 거리	384,400km
지구를 도는 궤도 속도	1.02km/초
공전 주기(한 달)	27.3일
1일:	
자전 주기	27.3일
삭에서 삭까지(삭망월)	29.5일
질량(지구=1)	0.012
평균 밀도(물=1)	3.34
표면 중력(지구=1)	0.16
표면 온도	−155℃∼105℃

관찰 일기

- 비의 바다와 코페르니쿠스와 같은 크레이터는 육안으로도 볼 수 있다.
- 쌍안경이나 망원경이 있으면 미세한 것까지 볼 수 있다. 달의 앞면 지도를 이용해 관측해 보자.
- 관찰되는 크레이터를 스케치해 보자. 보름달 때보다 옆에서 비칠 때 더 자세히 보인다.

선명한 경치

달에는 대기가 없기 때문에 인공위성에서 보이는 달 표면이 매우 선명하다. 그러나 표면의 온도가 낮에는 섭씨 105°까지 올라가고, 밤에는 섭씨 영하 155°까지 내려간다.

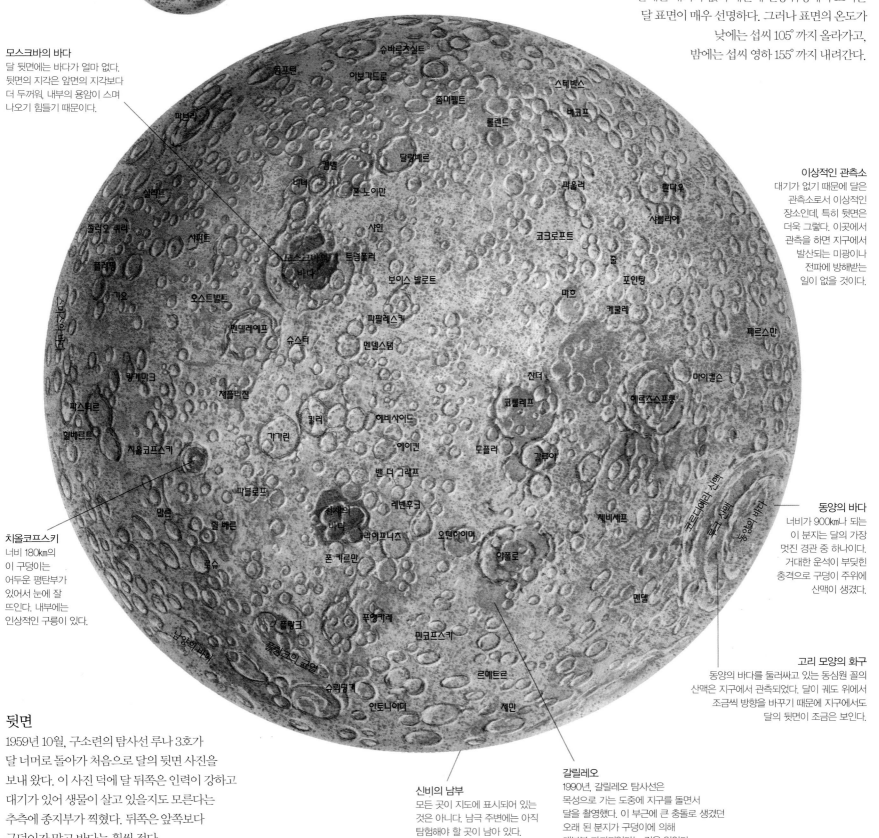

뒷면의 구덩이에는 과학자나 철학자, 그 중에서도 구소련인의 이름이 붙어 있는 것이 많다.

모스크바의 바다
달 뒷면에는 바다가 얼마 없다. 뒷면의 지각은 앞면의 지각보다 더 두꺼워, 내부의 용암이 스며 나오기 힘들기 때문이다.

치올코프스키
너비 180km의 이 구덩이는 어두운 평탄부가 있어서 눈에 잘 뜨인다. 내부에는 인상적인 구릉이 있다.

이상적인 관측소
대기가 없기 때문에 달은 관측소로서 이상적인 장소인데, 특히 뒷면은 더욱 그렇다. 이곳에서 관측을 하면 지구에서 발산되는 미광이나 전파에 방해받는 일이 없을 것이다.

동양의 바다
너비가 900km나 되는 이 분지는 달의 가장 멋진 경관 중 하나이다. 거대한 운석이 부딪친 충격으로 구덩이가 주위에 산맥이 생겼다.

고리 모양의 화구
동양의 바다를 둘러싸고 있는 동심원 꼴의 산맥은 지구에서 관측되었다. 달이 궤도 위에서 조금씩 방향을 바꾸기 때문에 지구에서도 달의 뒷면이 조금은 보인다.

뒷면

1959년 10월, 구소련의 탐사선 루나 3호가 달 너머로 돌아가 처음으로 달의 뒷면 사진을 보내 왔다. 이 사진 덕에 달 뒤쪽은 인력이 강하고 대기가 있어 생물이 살고 있을지도 모른다는 추측에 종지부가 찍혔다. 뒤쪽은 앞쪽보다 구덩이가 많고 바다는 훨씬 적다.

신비의 남부
모든 곳이 지도에 표시되어 있는 것은 아니다. 남극 주변에는 아직 탐험해야 할 곳이 남아 있다.

갈릴레오
1990년, 갈릴레오 탐사선은 목성으로 가는 도중에 지구를 돌면서 달을 촬영했다. 이 부근에 큰 충돌로 생겼던 오래 된 분지가 구덩이에 의해 대부분 파괴되었다는 것을 알았다.

지구의 위성 *Earth's Satellite*

1년에 한두 번 달이 지구의 그림자 속으로 들어오고 지구가 태양의 빛을 가려 월식이 일어난다. 좀더 드문 현상은 지구에 달그림자가 드리워지는 일식이다. 이때는 낮인데도 세상이 온통 밤처럼 깜깜하다. 그러나 이러한 현상은 현대의 우주 과학자에게는 아무것도 아니다. 과학자들이 씨름하는 문제는 달은 어디서 왔는가, 그리고 탄생 이후 46억 년 동안 어떻게 변했는가 하는 것이다.

개기 일식 : 달이 완전히 태양을 가리고, 태양의 대기 바깥쪽을 둘러싸는 코로나가 보인다.

일식
작은 본그림자 속에 들어가는 지역의 사람들은 개기 일식을, 반그림자 속에 들어가는 지역의 사람들은 부분 일식을 본다.

태양광선
본그림자
지구
달
반그림자

그믐달
다시 삭이 되기 조금 전, 이지러져 가는 달은 해뜨기 직전에 가는 그믐달이 된다.

하현달
달이 태양 쪽으로 돌아간다. 이 무렵에는 공전 궤도를 4분의 3쯤 돌아 아침에만 보인다.

태양광선

삭
달이 지구와 태양 사이에 있을 때 태양광선은 달의 뒷면만 비춘다. 지구를 향하고 있는 쪽은 깜깜해 달이 보이지 않는다.

*삭→망 : 달이 점점 커짐
망→삭 : 달이 점점 작아짐

초승달
2, 3일 뒤 해질 무렵 서쪽 하늘에 가느다란 초승달이 보인다. 차 들어가는 달이 태양 가까이에서 보인다.

달의 기원
오랫동안 달을 연구해 왔지만 달이 어떻게, 어디에서 형성되었는지는 아직도 모르고 있다.

분리설은 빠르게 도는 지구에 부푼 곳이 생기고, 그것이 떨어져 나가며 둘로 나뉘어 달과 화성이 되었다고 보는 설이다.

동시 형성설은 지구와 달이 우주에서 함께 생겼다는 설이다. 중력의 작용으로 우주의 먼지가 모여 두 개의 천체가 되고, 서로 가깝기 때문에 형제 행성이 되었다는 것이다.

그러나 달의 암석이 지구의 것과 다르다고 지적하는 과학자도 있다. 달은 태양계의 다른 곳에서 만들어지고, 그 후 달이 지구에 가까이 다가왔을 때 지구의 인력에 포획되었다고 설명한다.

분리설

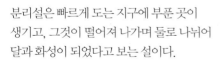

동시 형성설

포획설

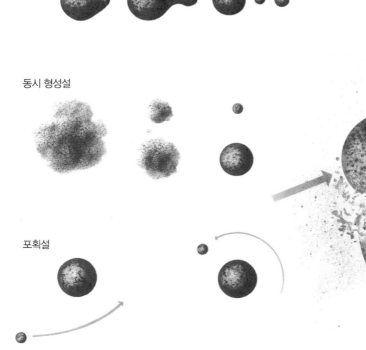
충돌방출설
가장 주목받고 있는 주장은 지구가 탄생한 지 얼마 안 되어 화성쯤 되는 커다란 천체가 지구와 충돌했다는 설이다. 그 충격으로 많은 파편이 우주로 날아가고, 이 암석 조각이 모여 달이 되었다고 한다.

달의 뒷면이 보인다

지구를 도는 달의 궤도는 원이 아니다.
지구의 중심에서 363,000km와
406,000km 사이를 오가고 있다.
그래서 달의 궤도 속도는 지구에서
가까울 때는 빨라지고, 지구에서
멀어지면 느려진다. 이때 지구에서
달의 뒷면 가장자리가 보인다.

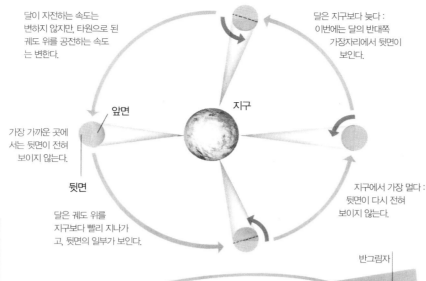

달이 자전하는 속도는
변하지 않지만, 타원으로 된
궤도 위를 공전하는 속도
는 변한다.

달은 지구보다 늦다 :
이번에는 달의 반대쪽
가장자리에서 뒷면이
보인다.

지구

앞면

가장 가까운 곳에
서는 뒷면이 전혀
보이지 않는다.

뒷면

지구에서 가장 멀다 :
뒷면이 다시 전혀
보이지 않는다.

달은 궤도 위를
지구보다 빨리 지나가
고, 뒷면의 일부가 보인다.

달의 왼쪽 윗부분이 지구가 드리우는 그림자의 가장
어두운 쪽으로 들어가면 부분 월식이 된다.

보름달과 하현달 사이
달이 이지러지기
시작한다. 보름달이
뜨고 2, 3일이 지나면 태
양에 비치는 면의
일부가 보이지 않는다.

반그림자

태양광선   지구   달

본그림자

월식

달은 대개 지구 그림자의 위나 아래로
지나간다. 달의 궤도가 지구가 태양을
도는 궤도보다 5° 기울어졌기 때문이다.
달은 보름달 때만 지구의 궤도를 가로
지르고, 이때에만 월식이 일어난다.

보름달(망)
달이 지구 바로 뒤에 있을
(지구의 그림자 속에 있지는
않고) 때 태양광선이 달의
앞쪽을 환히 비춘다.

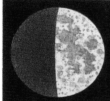

상현달
달이 궤도를
4분의 1쯤 돌고
있다. 지구에서는
달의 절반이 보인다.

상현달과 보름달 사이
3, 4일 후 햇빛이
앞면의 대부분을
비추기 시작한다.

달의 역사

달은 우주로부터의 충돌의 역사를
되풀이해 왔다. 그 흔적을 침식하는
대기나 물, 화산이 없어 충돌의 역사가
그대로 남아 있다.

38억 년 전
지각은 온갖 크기의 충돌 구덩이로 뒤덮여 있다.
왼쪽 윗부분의 커다란 흠집은 '비의 바다'의
초기 모습이다.

28억 년 전
충돌이 거의 끝나 새로운 구덩이가 드물다. 그러나
용암이 표면으로 스며 나와 구덩이 바닥에 평평한
바다를 만들어 지형이 변했다.

현재
달은 28억 년 동안 거의 변하지 않았다.
새로운 특징이라면 밝은 방사상의 빛살을 지닌
코페르니쿠스 같은 젊은 구덩이뿐이다.

태양계 *The Solar System*

태양계는 항성인 태양과 태양을 도는 여덟 개의 행성, 수백 개의
위성, 몇 백만 개에 이르는 혜성, 그리고 무수한 소행성으로 이루어져
있다. 태양계 전체를 지배하고 있는 태양은 행성을 다 합한 것의 천 배에
이르는 질량을 갖고 있다. 핵융합으로 생기는 에너지로 빛을 내며,
태양계의 다른 천체에 열과 빛을 주고 있다. 태양의 중력에 이끌려
원에 가까운 궤도를 그리며 태양의 둘레를 돌고 있는 여덟 개의
행성은 2개의 무리로 나뉜다. 태양에 가깝고
암석으로 이루어진 작은 행성 4개와
태양에서 멀리 떨어져 있고
가스 모양의 큰 행성
4개가 그것이다.

명왕성

1930년 발견 이후 태양계의 9번째
행성으로서 명왕성으로 불렸으나,
2006년 국제천문연맹으로부터 행성
지위를 박탈당하여 왜소행성으로
분류되었다. 공식 명칭은 134340
플루토이다.

해왕성

가스로 이루어진 4개의 행성(가스 거대 행성) 중
해왕성은 태양에서 가장 멀리 떨어져 있다.
태양계에서 가장 센 바람과 거친 폭풍이
불고 있다. 4개의 고리와 13개의
위성이 있다.

천왕성

옆으로 쓰러져 태양을 돌고 있다.
다른 가스 거대 행성에 비해 화창하고
온화하다. 11개의 고리와 27개의 위성이
있고, 일부는 표면이 기묘한 지형으로
덮여 있다.

핼리 혜성의 궤도

핼리 혜성

우주의 먼지 덩어리가 해왕성에서 금성
에까지 이르는 긴 타원형 궤도를 그리고
있다. 태양을 도는 몇 백만 개의 혜성 가
운데 가장 유명한 핼리 혜성이다.

행성	지름(적도)	태양으로부터의 평균 거리	궤도 속도	공전 주기	최대 광도(등급)	위성 수
수성	4,878km	57,910,000km	47.89km/초	87.97일	-1.4	0
금성	12,103km	108,200,000km	35.03km/초	224.70일	-4.4	0
지구	12,756km	149,600,000km	29.79km/초	365.26일		1
화성	6,786km	227,940,000km	24.13km/초	686.98일	-2.8	2
목성	142,984km	778,330,000km	13.06km/초	11.86년	-2.8	112
토성	120,536km	1,426,980,000km	9.64km/초	29.46년	-0.3	47
천왕성	51,118km	2,870,990,000km	6.81km/초	84.01년	+5.5	27
해왕성	49,528km	4,497,070,000km	5.43km/초	164.79년	+7.8	13
명왕성	2,284km	5,913,520,000km	4.74km/초	248.54년	+13.6	1

태양으로부터의 거리는?
아래의 눈금은 태양에서 행성까지의 거리를 나타낸다.

명왕성

해왕성

명왕성(가장 멀 때)
49.3AU

태양에서 명왕성까지의 평균 거리는 59억 1400만km이지만,
이 행성은 아주 긴 타원 궤도를 지니고 있어서 가장 멀 때는 태양에서
73억 8000만km, 가장 가까울 때는 44억 3000만km의 지점을 통과한다.

해왕성 30.1AU

명왕성(가장
가까울 때) 29.6AU

49　48　47　46　45　44　43　42　41　40　39　38　37　36　35　34　33　32　31　30　29　28　27　26

천문단위: 지구에서 태양까지의 평균거리가 1천문 단위(AU)이다. 1천문단위(AU)는 1억 4960만km이다.

소행성(태양을 도는 암석 조각)

이런 작은 행성은 수백만 개에 이를 것이고, 개중에는 지름이 겨우 몇 미터에 불과한 것도 있을 것이다. 그 중 4천 개 남짓은 천문학자들에 의해 밝혀졌다. 트로이군은 목성과 같은 궤도를 돌고, 아폴로나 토로는 지구 궤도 안을 지나간다. 히달고는 목성 궤도 너머로 지나간다. 가장 먼 키론은 혜성과 관련 있을 것으로 짐작된다.

세레스
지름 920km로 소행성 가운데서 가장 크다. 탄소가 풍부한 점토질 암석으로 햇빛을 조금밖에 반사하지 않는다. 세레스에는 소행성대에 존재하는 물질의 4분의 1이 들어 있지만, 소행성대에 있는 것을 모두 합쳐도 지구의 달보다 작다. 우주를 떠돌고 있던 암석 조각들이 목성의 중력 때문에 하나의 행성이 되지 못했기 때문일 것이다.

베스타
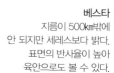
지름이 500km밖에 안 되지만 세레스보다 밝다. 표면의 반사율이 높아 육안으로도 볼 수 있다.

프시케

길이가 260km 정도 되는 불규칙한 모양의 프시케는 순수한 철로 이루어져 있는 것 같다. 화성과 목성 사이에 우주 정거장을 건설할 때 사용할 수 있을지도 모른다.

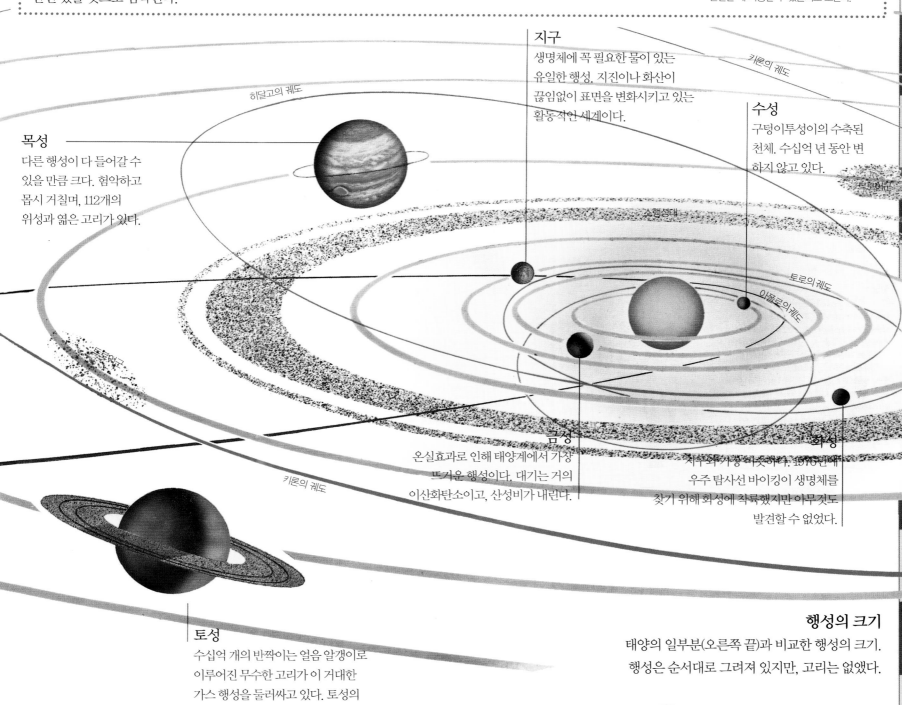

지구
생명체에 꼭 필요한 물이 있는 유일한 행성. 지진이나 화산이 끊임없이 표면을 변화시키고 있는 활동적인 세계이다.

수성
구덩이투성이의 수축된 천체. 수십억 년 동안 변하지 않고 있다.

목성
다른 행성이 다 들어갈 수 있을 만큼 크다. 험악하고 몹시 거칠며, 112개의 위성과 엷은 고리가 있다.

금성
온실효과로 인해 태양계에서 가장 뜨거운 행성이다. 대기는 거의 이산화탄소이고, 산성비가 내린다.

화성
지구와 가장 비슷하다. 1976년에 우주 탐사선 바이킹이 생명체를 찾기 위해 화성에 착륙했지만 아무것도 발견할 수 없었다.

토성
수십억 개의 반짝이는 얼음 알갱이로 이루어진 무수한 고리가 이 거대한 가스 행성을 둘러싸고 있다. 토성의 위성은 현재 47개가 알려져 있지만, 더 있을 것으로 추측된다.

히달고의 궤도 / 키론의 궤도 / 토로의 궤도 / 아폴로의 궤도 / 소행성대 / 토로-허문

행성의 크기

태양의 일부분(오른쪽 끝)과 비교한 행성의 크기. 행성은 순서대로 그려져 있지만, 고리는 없앴다.

천왕성　천왕성 19.19AU
토성　토성 9.54AU
목성　목성 5.20AU
화성 / 지구 / 금성 / 수성

화성 1.52AU　지구 1AU　금성 0.72AU　수성 0.39AU

24 23 22 21 20 19 18 17 16 15 14 13 12 11 10 9 8 7 6 5 4 3 2 1

태양　수성　지구　목성　토성
금성　화성

새로운 탐사 *The New Explore*

1970년대부터 우주선이 차례로 발사되어 행성이나 그 위성을
탐험했다. 15~16세기에 해양 탐험가가 신세계를 탐험한 것과
같은 일이었다. 인류는 짧은 기간 안에 태양계를 탐험했다.
로켓에만 의존하지 않고 더 빠르고 멀리 탐사선을 보낼 수 있게
되었다. 과학자들은 중력 가속을 이용했다. 행성의 중력장이
탐사선을 가속시키고 다음 목표로 방향을 바꾸어 주는 것이다.
이를 이용하여 해왕성에 이르기까지의 모든 행성을
탐험할 수 있었다.

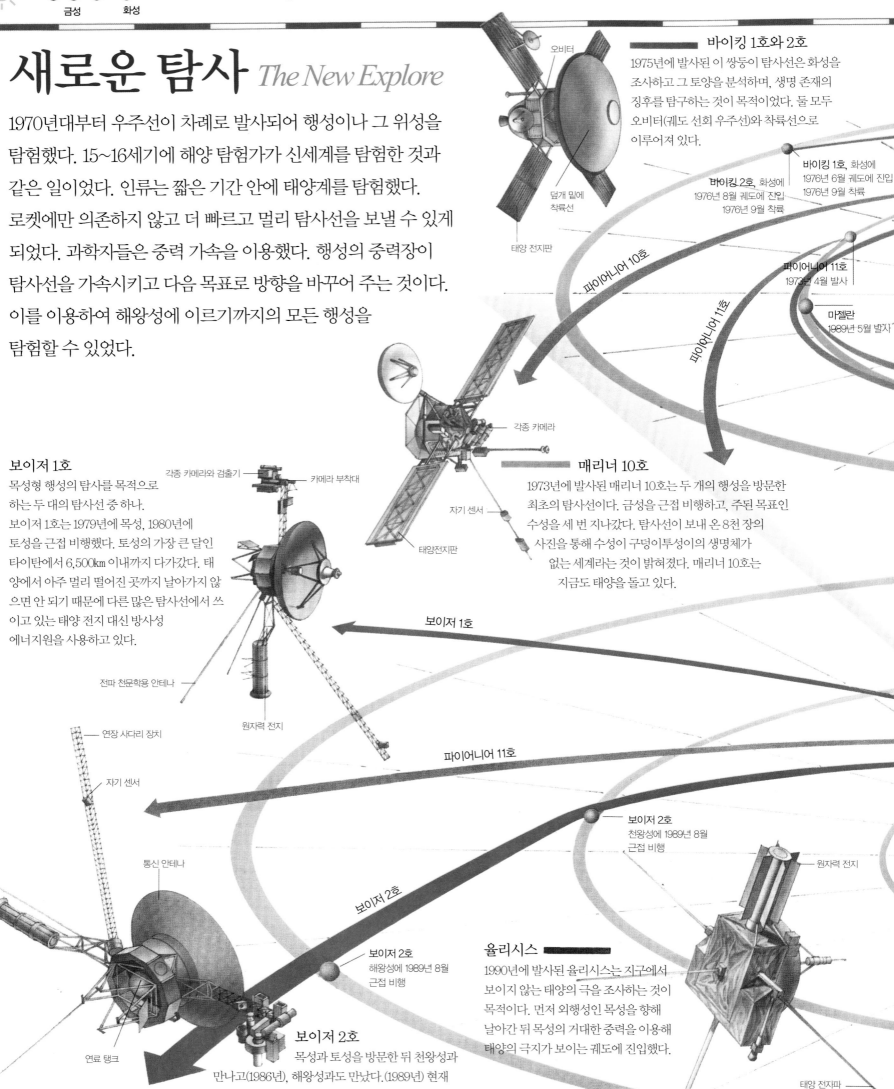

바이킹 1호와 2호
1975년에 발사된 이 쌍둥이 탐사선은 화성을
조사하고 그 토양을 분석하며, 생명 존재의
징후를 탐구하는 것이 목적이었다. 둘 모두
오비터(궤도 선회 우주선)와 착륙선으로
이루어져 있다.

오비터

덮개 밑에 착륙선

태양 전지판

바이킹 1호, 화성에
1976년 6월 궤도에 진입
1976년 9월 착륙

바이킹 2호, 화성에
1976년 8월 궤도에 진입
1976년 9월 착륙

파이어니어 10호

파이어니어 11호
1973년 4월 발사

마젤란
1989년 5월 발사

매리너 10호
1973년에 발사된 매리너 10호는 두 개의 행성을 방문한
최초의 탐사선이다. 금성을 근접 비행하고, 주된 목표인
수성을 세 번 지나갔다. 탐사선이 보내 온 8천 장의
사진을 통해 수성이 구덩이투성이의 생명체가
없는 세계라는 것이 밝혀졌다. 매리너 10호는
지금도 태양을 돌고 있다.

각종 카메라

자기 센서

태양전지판

보이저 1호
목성형 행성의 탐사를 목적으로
하는 두 대의 탐사선 중 하나.
보이저 1호는 1979년에 목성, 1980년에
토성을 근접 비행했다. 토성의 가장 큰 달인
타이탄에서 6,500km 이내까지 다가갔다. 태
양에서 아주 멀리 떨어진 곳까지 날아가지 않
으면 안 되기 때문에 다른 많은 탐사선에서 쓰
이고 있는 태양 전지 대신 방사성
에너지원을 사용하고 있다.

각종 카메라와 검출기

카메라 부착대

보이저 1호

파이어니어 11호

전파 천문학용 안테나

원자력 전지

연장 사다리 장치

자기 센서

보이저 2호
천왕성에 1989년 8월
근접 비행

원자력 전지

통신 안테나

보이저 2호

보이저 2호
해왕성에 1989년 8월
근접 비행

율리시스
1990년에 발사된 율리시스는 지구에서
보이지 않는 태양의 극을 조사하는 것이
목적이다. 먼저 외행성인 목성을 향해
날아간 뒤 목성의 거대한 중력을 이용해
태양의 극지가 보이는 궤도에 진입했다.

연료 탱크

보이저 2호
목성과 토성을 방문한 뒤 천왕성과
만나고(1986년), 해왕성과도 만났다. (1989년) 현재
대부분 기기의 스위치가 꺼져 있지만 태양계의 환경을
계속 관측하고 있다. 초속 14.8km로 날아 로스248별까지
도달하려면 4만 176년이 걸릴 것이고, 1.7광년까지
근접 비행할 것이다.

태양 전자파
검출용 안테나

자기 센서 및 그 밖의 기기가
부착된 연장 장치

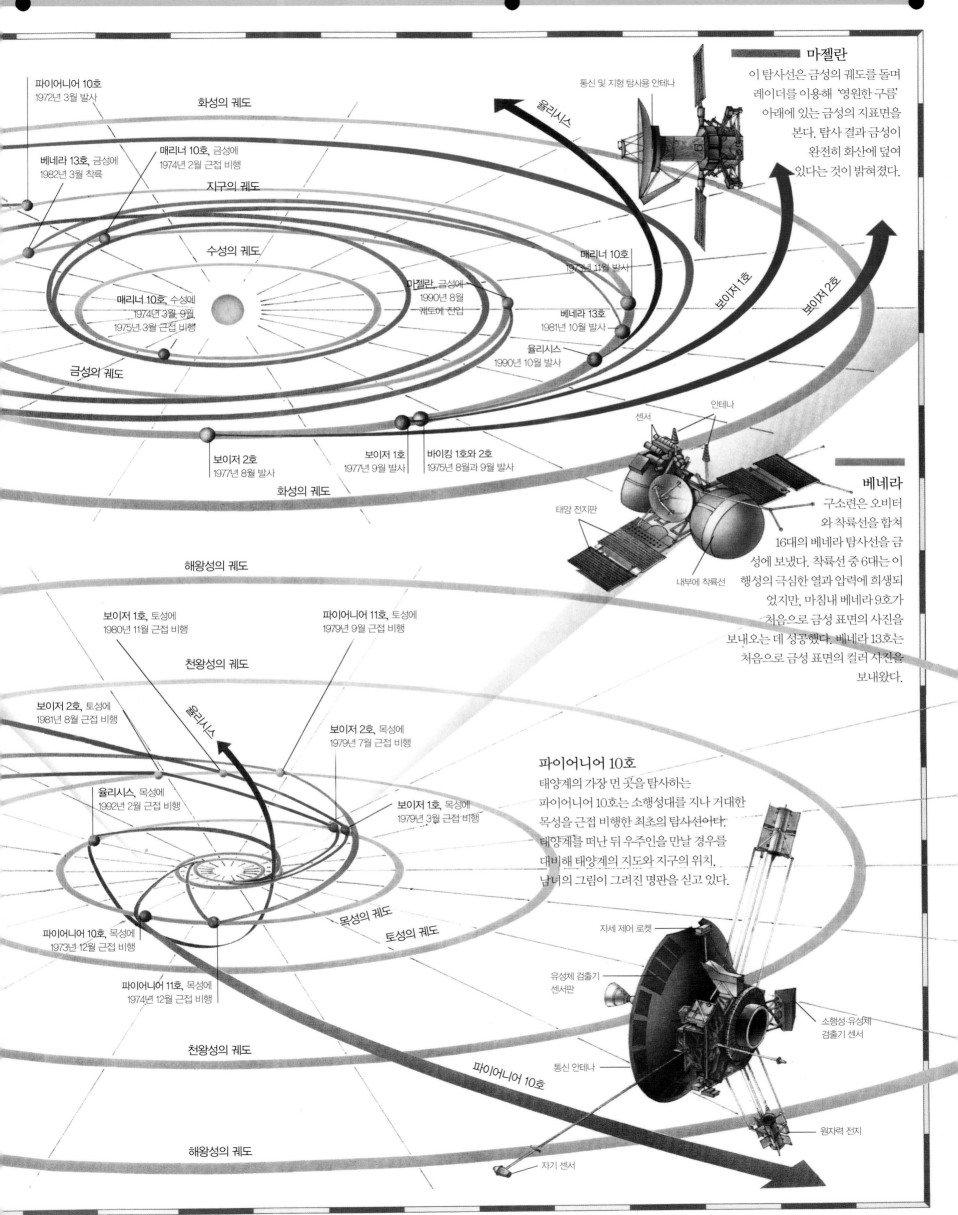

마젤란

이 탐사선은 금성의 궤도를 돌며 레이더를 이용해 '영원한 구름' 아래에 있는 금성의 지표면을 본다. 탐사 결과 금성이 완전히 화산에 덮여 있다는 것이 밝혀졌다.

통신 및 지형 탐사용 안테나

율리시스

파이어니어 10호
1972년 3월 발사

화성의 궤도

베네라 13호, 금성에
1982년 3월 착륙

매리너 10호, 금성에
1974년 2월 근접 비행

지구의 궤도

매리너 10호
1973년 11월 발사

수성의 궤도

매리너 10호, 수성에
1974년 3월, 9월,
1975년 3월 근접 비행

마젤란, 금성에
1990년 8월
궤도에 진입

베네라 13호
1981년 10월 발사

보이저 1호

보이저 2호

금성의 궤도

율리시스
1990년 10월 발사

보이저 2호
1977년 8월 발사

보이저 1호
1977년 9월 발사

바이킹 1호와 2호
1975년 8월과 9월 발사

화성의 궤도

센서

안테나

베네라

구소련은 오비터와 착륙선을 합쳐 16대의 베네라 탐사선을 금성에 보냈다. 착륙선 중 6대는 이 행성의 극심한 열과 압력에 희생되었지만, 마침내 베네라 9호가 처음으로 금성 표면의 사진을 보내오는 데 성공했다. 베네라 13호는 처음으로 금성 표면의 컬러 사진을 보내왔다.

태양 전지판

내부에 착륙선

해왕성의 궤도

보이저 1호, 토성에
1980년 11월 근접 비행

파이어니어 11호, 토성에
1979년 9월 근접 비행

천왕성의 궤도

보이저 2호, 토성에
1981년 8월 근접 비행

율리시스

보이저 2호, 목성에
1979년 7월 근접 비행

율리시스, 목성에
1992년 2월 근접 비행

보이저 1호, 목성에
1979년 3월 근접 비행

파이어니어 10호

태양계의 가장 먼 곳을 탐사하는 파이어니어 10호는 소행성대를 지나 거대한 목성을 근접 비행한 최초의 탐사선이다. 태양계를 떠난 뒤 우주인을 만날 경우를 대비해 태양계의 지도와 지구의 위치, 남녀의 그림이 그려진 명판을 싣고 있다.

파이어니어 10호, 목성에
1973년 12월 근접 비행

파이어니어 11호, 목성에
1974년 12월 근접 비행

목성의 궤도

토성의 궤도

자세 제어 로켓

유성체 검출기
센서판

소행성·유성체
검출기 센서

천왕성의 궤도

파이어니어 10호

통신 안테나

해왕성의 궤도

원자력 전지

자기 센서

매리너 10호가 48,000km 거리에서 구덩이로 덮인 표면을 촬영했다.

수성 *Mercury*

수성을 보기란 쉽지 않다. 태양의 인력을 강하게 받아 매우 빠른 속도로 돌고 있어서이기도 하지만, 태양과 가장 가까워 언제나 그 눈부신 빛 속에 있기 때문이다. 그러나 막상 망원경으로 이 행성을 발견했을 때는 실망한다. 수성은 태양계에서 가장 작은 행성이어서 자세히 보이지 않는다. 수성을 방문한 것은 우주 탐사선 매리너 10호뿐이다. 매리너가 촬영해 보낸 것은 우리의 달과 닮아 보이는 구덩이가 많은 불모의 세계이다.

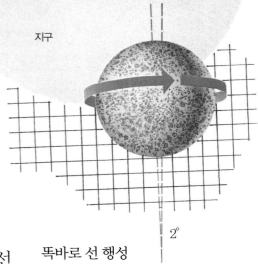
똑바로 선 행성
수성의 자전축은 2° 밖에 기울지 않았지만, 자전주기는 58일 16시간이나 된다.

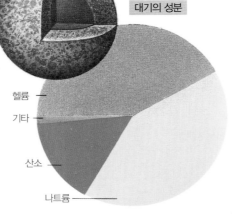
수성의 구조 / 대기의 성분
반지름 : 2,433km
지각 / 맨틀 / 핵
헬륨 / 기타 / 산소 / 나트륨

수성의 내부
철과 니켈로 이루어진 거대한 핵이 암석 맨틀과 지각에 덮여 있다. 그 바깥쪽에는 지구의 1조분의 1 이하의 극히 엷은 대기가 있다.

핵에 의한 자장
북쪽 / 수성 / 자력선 / 남쪽

미약하지만 수성에 지구의 백분의 1에 해당하는 자장이 있다는 매리너 10호의 보고에 과학자들은 놀랐다. 지구는 자전 속도가 빨라 철로 된 핵 속에서 전류가 일어나 자장이 생긴다. 다이너모(발전기)와 같은 원리이다. 수성은 자전 속도가 느려서 도저히 전류가 일어날 수 없기 때문에 자력이 있다는 것은 곧 이 행성의 내부에 거대한 철로 된 핵이 있다는 증거이다.

자전하는 행성의 다이너모 효과

칼로리스 분지
지름 1300km의 거대한 구덩이는 지름 100km 정도의 거대한 천체가 수성과 충돌한 흔적이다.

칼로리스 산맥
칼로리스 분지가 생길 때의 충격으로 몇 개의 산맥이 동심원 형태로 솟아올랐다. 칼로리스 산맥은 맨 바깥쪽에 있고, 높이는 2km나 된다.

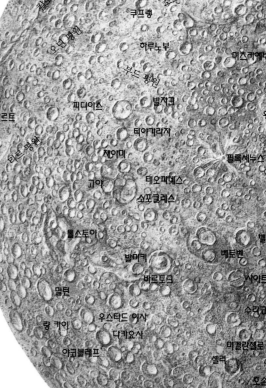
보레알리스 / 베르디 / 투르게네프 / 졸리 / 수이세이 평원 / 스트린드베리 / 망사르 / 반 에이크 / 브론테 / 네르보 / 하이네 / 쿠프랭 / 미츠케예비치 / 하루노부 / 부드 / 모차르트 / 피디아스 / 빌자코 / 웨뱅 / 티아가라자 / 제이미 / 필록세누스 / 고야 / 테오파네스 / 소포클레스 / 톨스토이 / 멜로 / 발마키 / 베토벤 / 베르토크 / 사이크 도바 / 밀턴 / 수리코프 / 오스타드 에사 / 랑 카이 / 다카요시 / 마갈란랴스 / 아쿠블래프 / 셀러 / 호손 / 비가 바오 / 카츠 / 다칸스 / 세르반테스 / 베르나나

일 년보다 긴 하루
수성은 태양의 둘레를 대략 88일에 한 바퀴 돈다. 해돋이에서 다음 해돋이까지는 지구의 176일에 해당되고, 수성의 2년에 해당된다. 여러분이 해가 뜰 때 검은 점 (1의 위치)에 서 있다고 하자. 수성은 태양을 돌면서 천천히 자전한다. 2의 위치에서 여러분이 서 있는 곳은 오전의 중반, 3의 위치에서는 정오, 4의 위치에서는 오후이다. 5의 위치에 왔을 때 해가 진다. 수성은 태양의 둘레를 한 바퀴 돌았지만, 그 사이에 한 번 반 자전하고 있다. 두 바퀴째의 검은 점은 6, 7, 8의 위치에 있을 때 밤이다. 1의 위치에서 다시 태양이 뜬다. 해돋이에서 해돋이까지 하루가 지났지만, 여러분은 두 살 더 먹은 것이다.

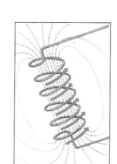

하루에 세 번 자전
수성은 태양의 둘레를 두 바퀴 돌아 1의 위치까지 돌아오는 동안 세 번 자전한다. 따라서 자전 주기(지구의 58일 16시간)는 1일(해돋이에서 해돋이까지)의 3분의 1이다. 또한, 태양을 도는 수성의 궤도는 원이 아니다. 가장 가까울 때는 태양에서 약 4,600만km, 가장 멀 때는 7천만km 떨어진 곳을 지나간다.

수난의 역사

약 40억 년 전의 태양계 초기, 행성이 생긴 뒤 남은 암석 조각들이 충돌해 수성을 구덩이투성이로 만들었다. 충돌이 계속되는 동안 수성은 수축하기 시작해서 표면이 심하게 일그러져 버렸고, 이후 거의 변하지 않았다.

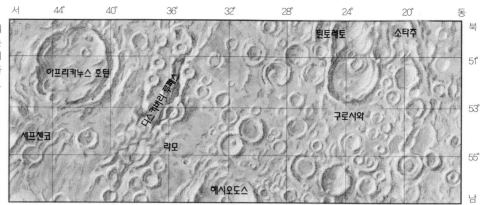

400km나 되는 '주름의 단애' 디스커버리 루페스는 남반구의 서경 48° 부근에서 아주 오래 된 구덩이를 가로지르고 있다.

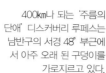

이 부분만은 매리너 10호도 볼 수 없었다. 그림은 상상으로 그린 것이다.

대수축

수성이 생기고 식어 가는 동안 거대한 철로 된 핵이 4km나 수축했다. 표면이 일그러지고, 그 결과 구덩이에 뒤덮인 지형을 가로지르는 긴 '주름의 단애'가 생겼다. 높이가 몇 km에 이르는 것도 있다.

곰보 행성

수성은 수많은 천체와의 작은 충돌로 지름 몇 km의 단순한 구덩이가 생겼다. 더 큰 충돌로는 접시 모양의 구덩이가 생기고, 중앙에 약간 높은 산이 솟아올랐다. 소행성 같은 큰 천체가 충돌하면 지름이 수백 km에 이르는 분지가 생기고, 그 안쪽에 동심원 모양의 산이 솟아올랐다. 다른 행성에서도 비슷한 충돌이 있었지만 흔적이 이 정도로 뚜렷하지 않다. 수성에는 대기가 거의 없기 때문에 구덩이가 풍화되지 않는다.

구덩이는 어떻게 해서 생겼을까

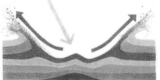

운석이 매우 빠른 속도로 부딪힌다. 표면에 구덩이가 생기고, 암석이 부근 일대로 날아간다.

암석의 일부가 떨어져 고리 모양의 산을 이루고, 구덩이 안쪽이 솟아 중앙에 밋밋한 산이 생긴다.

주위에서 떨어진 파편으로 안쪽이 메워지면 접시 모양이 된다.

산의 형성

수성과 마지막으로 충돌한 것 중 하나는 소행성 정도의 큰 천체였을 것이다. 그 흔적이 지름 1,300km의 구덩이가 되어 칼로리스 분지를 형성했다. 충돌 지점의 주위에 동심원 모양의 산이 솟는 동시에 지진의 충격이 행성 내부와 표면에 전해졌다. 분지의 정반대 쪽에 줄지어 선 낮은 산들은 충격의 여파로 행성의 표면이 일그러져 생긴 것이다.

커다란 천체가 수성에 충돌

충돌의 충격파가 행성의 중심과 표면에 전해진다

충격파가 이 부분에 모여 지표면을 일그러뜨린다

매리너 10호

1973년 11월에 발사된 미국의 매리너 10호는 금성에 접근한 뒤 수성으로 날아가 1974년과 1975년에 세 차례에 걸쳐 근접 비행을 하고 수성 표면의 지도를 작성했다. 지금도 태양의 주위를 돌고 있다.

수성 자료

지름	4,878km
태양으로부터의 평균 거리	57,910,000km
태양을 도는 궤도 속도	47.89km/초
공전 주기(1년)	87.97일
1일 :	
자전 주기	58일 16시간
해돋이에서 해돋이까지	176일
질량(지구=1)	0.055
평균 밀도(물=1)	5.43
표면 중력(지구=1)	0.38
표면 온도	−180℃~+392℃

관찰 일기

• 노을 진 하늘이나 동 트기 전의 지평선 근처를 바라보며 수성이 보이는지 관찰해 보자. 이때 수성의 궤도는 태양에서 가장 멀리 떨어져 있다.

• 밝고 약간 핑크빛을 띤 별을 찾아보자.

• 망원경으로 보면 조그만 원반 같은 수성이 보인다. 달과 마찬가지로 수성도 찼다 이지러졌다 한다.

23

금성 *Venus*

지구의 자매 행성으로 크기도 거의 같다. 그러나 태양에
더 가까워 태양 광선을 반사시키는 두꺼운 구름에 항상
덮여 있다. 천문학자들은 금성이 이 구름의 보호를
받아 낮의 온도가 수성처럼 높지 않고 3억 년 전의
지구처럼 푸르고 고온 다습한 세계일 것이라 추측했다.
하지만 우주 탐사선이 베일을 벗겨 냈을 때 금성은
태양계 중에서 가장 지옥에 가까운 곳이었다.
화산과 용암에 뒤덮인 세계였다. 금성은 온실효과로
온도가 점차 올라가 가장 뜨거운 행성이 되었다.

파이어니어–금성 1호에서 보이는 '영원한 구름'에 뒤덮인
금성. 구름은 부식성이 강한 황산의 작은 물방울로 이루어
져 있다.

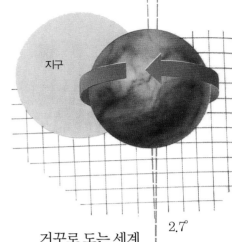

2.7°

거꾸로 도는 세계
금성은 다른 행성들과는 반대 방향으로
자전한다. 자전축의 기울기는 2.7°이며,
자전 주기(243일)가 공전 주기보다 길다.
대기도 회전하며 4일에 한 번씩
행성을 돈다.

금성의 구조

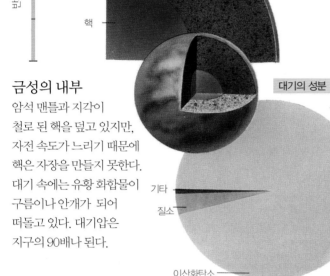

반지름: 6,051km

지각
맨틀
핵

금성의 내부
암석 맨틀과 지각이
철로 된 핵을 덮고 있지만,
자전 속도가 느리기 때문에
핵은 자장을 만들지 못한다.
대기 속에는 유황 화합물이
구름이나 안개가 되어
떠돌고 있다. 대기압은
지구의 90배나 된다.

대기의 성분

기타
질소
이산화탄소

베일을 벗은 금성
오비터(궤도 선회 우주선)는 구름 바깥쪽에서 레이더를
이용해 금성의 지형을 탐사했다. 탐사 결과 화산성
평원이 행성 전체에 퍼져 있으며, 광대한 고원도
몇 개 있다는 것이 밝혀졌다. 맥스웰 산과
알파 지대, 베타 지대를 제외한 금성의
지형에는 모두 여성의 이름이 붙어 있다.

이시타르 대륙
이 산맥은 오스트레일리아만큼 크다.
최고봉인 맥스웰 산은 에베레스트 산보다
약간 높다. 넓고 평평한 락시미 고원과
운석의 충돌로 생긴 지름 100km의
구덩이 클레오파트라도 있다.

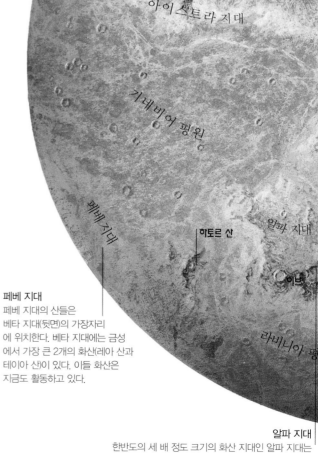

이시타르 대륙
클레오파트라
락시미 고원
맥스웰 산
콜레트
베스타 루페스
시키히위아
유트 루페스
세드나 평원
울라 산
시프 산
사포 파테라
아이스트라 지대
기네비어 평원
티나틴 평원
페베 지대
히토르 산
알파 지대
이브
라비니아 평원
타 대
알파 지대

온실효과
지구에서는 태양광선이 대기를
뚫고 들어와 지표면을 데운다.
이 열은 적외선 형태로 지표면
에서 방출되어 대부분 우주로
나가지만, 대류권에 있는 수증
기가 적외선의 일부를 흡수해
그 열이 지구를 데운다. 금성에
서는 적외선의 약 절반이 우주
로 빠져 나갈 수 없다. 대기 속
의 이산화탄소가 온실의 가스
같은 작용을 하여 빛은 빠져
나가지만 열은 나갈 수 없기
때문이다. 그나마 태양광선의
80%를 가로막고 있는 헤이즈
(황산 안개)가 없다면 표면온도
465℃보다 더 뜨거울 것이다.

지구

km
100
90
80
70
60
50
40
30
20
10

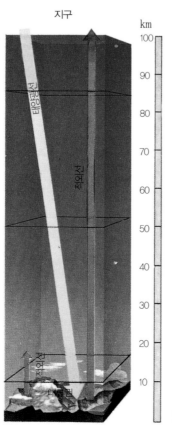

금성

상층 헤이즈
하층 헤이즈
대류권

페베 지대
페베 지대의 산들은
베타 지대(뒷면)의 가장자리
에 위치한다. 베타 지대에는 금성
에서 가장 큰 2개의 화산(레아 산과
테이아 산)이 있다. 이들 화산은
지금도 활동하고 있다.

알파 지대
한반도의 세 배 정도 크기의 화산 지대인 알파 지대는
끈끈한 용암으로 생긴 돔형 언덕과 지표 밑을 흐르는 뜨거운
용암으로 생긴 틈이 있다. 금성의 자오선(경도 0°)은
이브의 원 모양의 지형 안을 지나간다.

예비 부품을 사용한 우주선

미국의 마젤란 오비터(궤도 선회 우주선)는 바이킹, 보이저, 갈릴레오, 율리시스 등 각 탐사선의 예비품으로 조립되어 1989년 5월 발사되었다. 3시간 9분마다 금성을 한 번씩 돌면서 243일(금성의 1일)에 걸쳐 지도를 작성했다. 중심 기관인 합성 개구 레이더에서 1초에 수천 번씩 펄스(지속 시간이 극히 짧은 변조 전파)를 발사해 표면으로부터의 반사파를 수신한 뒤 컴퓨터로 분석한다. 과학자는 이를 바탕으로 지도를 작성할 수 있다. 마젤란에는 지형의 높이를 잴 수 있는 고도계도 실려있다.

태양 전지판
추진 모듈
접시형 레이더
고도계
레이더로부터의 전파
고도계로부터의 전파
레이더 전파의 반사파
전파의 반사파

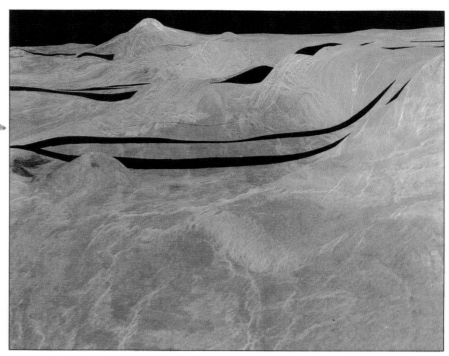

마젤란이 금성의 지표면에서 본 락시미 고원의 모습. 오른쪽에는 굳은 용암 폭포가 있고, 지평선에는 5km 높이의 다누산이 있다. 검은 줄무늬는 레이더가 자료를 얻지 못한 부분이다.

화산 활동

금성에는 화산이 매우 많고, 지금도 활동하고 있다. 오른쪽의 타원형 지형은 너비 215km, 길이 120km의 거대한 화산성 구덩이 사카하위아파테라이다. 이 화산에서 흘러나온 용암이 거대한 락시미 고원을 만들었다. 용암이 평원을 메운 뒤 더 이상 흘러나오지 않고 구덩이 바닥이 가라앉으며 평원에 금이 생겼다.

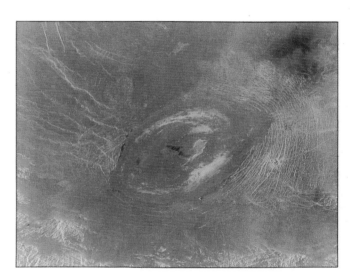

지표면에서 본 모습

1982년, 구소련의 탐사선 베네라 13호(왼쪽)는 베타 지대 근처에 착륙했다. 이 주변은 납작한 화산성 암석이 굴러다니고 있는 불모의 땅이다. 아래 사진에서 버려진 렌즈 덮개와 우주선의 일부가 보인다. 두꺼운 구름 때문에 경치가 오렌지빛을 띠고 있다.

탈루스 지대
다오베 평원
데다 평원
벨 지대
파블로바
에스티아 루페스
오브다 지대
아프로디테 대륙
이나나 평원

오브다 지대
지구상에는 이 지역과 비슷한 곳이 없다. 바위는 강한 힘에 의해 부서지고 늘어나 있다. 그리고 금성에서 가장 큰 운석에 의한 구덩이 미드(지름 275km)가 있다. 화산의 분화나 용암의 유출로 대부분 파괴되었다.

아프로디테 대륙
아프리카 대륙과 크기가 비슷한 아프로디테 대륙은 금성에서 가장 큰 산지이다. 이 대륙을 가로지르는 거대한 다이애나 카즈마(최대 너비가 280km나 되는 협곡)는 화성의 매리너리스 협곡에 견줄 만하다.

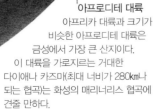

금성 자료

지름	12,103km
태양으로부터의 평균 거리	108,200,000km
태양을 도는 궤도 속도	35.03km/초
공전 주기(1년)	224.7일
1일:	
자전 주기	243.01일
해돋이에서 해돋이까지	117일
질량(지구=1)	0.81
평균 밀도(물=1)	5.20
표면 중력(지구=1)	0.9
표면 온도	465℃

관찰 일기

• 금성을 쉽게 발견할 수 있는 시각은 해넘이 직후와 해돋이 직전이다. 태양과 상당히 가까운 곳에 있다.

• 달과 마찬가지로 금성도 차거나 이지러지거나 한다. 금성이 지구 가까이에 있으면서 태양과 일직선상에 가는 초승달이 되어 있을 때 쉽게 발견할 수 있다.

지구 *Earth*

지구는 화산이나 지진을 통해 표면을 재생하기 때문에
지표면이 끊임없이 변하고 있다. 그리고 이산화탄소가
많은 인근의 행성들과는 달리 지구의 대기에는 질소와
산소가 풍부하다. 이 대기는 태양으로부터의 해로운
전파를 막고 운석과의 충돌로부터 지구를 지킨다.
무엇보다 지구는 물이 존재하는 유일한 행성이다.
끊임없이 변하는 지표면과 바다, 대기 덕분에 지구에는
다른 행성에는 없는 생명이 진화할 수 있었다.

달에 가는 도중에 아폴로 17호의 우주 비행사가 촬영한
지구

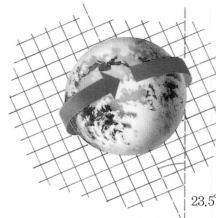

23.5°

계절은 자전축의 기울기 때문
지구는 23.5°의 기울기로 약 24시간
마다 한 번씩 자전한다. 이 기울기
때문에 지구가 태양을 돌면서 계절의
변화가 일어난다.

지구의 구조

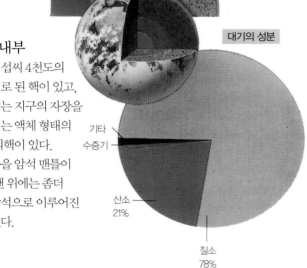

지각
맨틀
외핵
내핵

반지름 · 6,378km

지구의 내부
중심에는 섭씨 4천도의
딱딱한 철로 된 핵이 있고,
그 주위에는 지구의 자장을
만들어 내는 액체 형태의
철로 된 외핵이 있다.
그 바깥쪽을 암석 맨틀이
감싸고, 맨 위에는 좀더
가벼운 암석으로 이루어진
지각이 있다.

대기의 성분

기타
수증기

산소
21%

질소
78%

기상 패턴
저기압이 대서양에서 영국으로
다가가고 있다. 대기와 해류가
지구의 기상 패턴을 좌우한다.

온실효과
지구의 대기는 온실 역할을 하며 지구를
데운다. 그러나 이산화탄소나 메탄 같은
온실 가스가 너무 많아지면 금성에서처럼
열이 대량으로 축적된다.

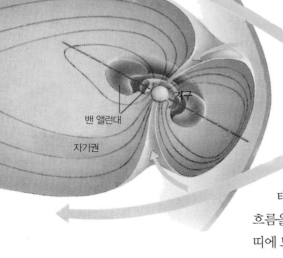

자기권

태양풍

자기권

태양풍

밴 앨런대

지구

태양풍 입자의 강한 흐름으로 인해 자기권의 앞쪽은
압축되고 뒤쪽은 불려 날아가 거대한 '자기권 꼬리'가
된다. 이 길이는 지구 지름의 5백 배나 된다.

자기권
지구가 자전함에 따라
핵 속의 철이 전류를 일으켜
자장이 생긴다. 이 자장은 거대한
자기권을 형성해 태양풍으로부터 지구를 지킨다.
태양풍이란 태양에서 내뿜는 플라즈마(전기를 띤 입자)의
흐름을 말한다. 이 입자는 자장에 잡혀 두 개의 거대한 도넛 모양의
띠에 모인다. 이것이 밴앨런대이다. 1958년에 익스플로러 1호와
3개의 인공위성에 의해 발견되었다. 우주선이 밴앨런대를
통과할 때 이 입자로 인해 시스템이 고장 날 수 있다.

구멍 난 오존층
지구를 감싸고 있는 오존층은 태양의 위험한 자외선으로부터
우리를 지켜준다. 그러나 지금 갖가지 오염 때문에 남극과
북극의 오존층이 엷어졌다.

대류 이동

지각을 이루는 판은 지구 내부 열의 대류에 의해
이동한다. 대륙은 이들 판 위에 있어서 육지
는 끊임없이 변하고 있다. 약 2억 년 전에
모든 육지는 하나의 초대륙(판게아)을 이루고
있었는데, 그 후 분리되어 현재의 대륙이 생겼다.
모든 대양의 밑바닥에는 해저 산맥이 있고,
여기에서 용암이 솟아 나와 판을 확장시키고
있다. 태평양의 가장자리처럼 판이 부딪치는
곳에서는 지표면이 비틀리고 구부러져
산맥이 생긴다. 또 암석이 맨틀 속으로 밀려들어
갈 때는 지진이 일어나거나 화산이 생긴다.
이렇게 지구는 끊임없이 변하고 있다.
이런 설을 '판 구조론'이라 한다.

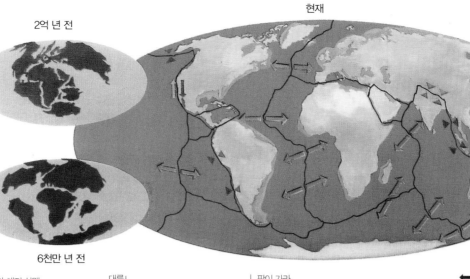

2억 년 전 · 현재 · 6천만 년 전

┫┣ 플레이트(지각판)의 경계
┫┣ 플레이트가 가라앉는 곳
◄─► 플레이트가 태어나는 곳

판 구조론(플레이트 텍토닉스)

지각을 나타내는 이 단면도에서 두 개의 플레이트의
경계선인 중앙 해저 산맥(왼쪽)에서 용암이 스며
나오고 있다. 이것이 식으며 굳어 해저에 새로운
지각을 만들고 인접한 플레이트를 넓힌다. 오른쪽에
서는 플레이트가 다른 플레이트와 충돌해 지표면에
굴곡이 생기며 산맥이 솟는다. 그리고 지각이 맨틀
속으로 밀려들어가며 무너져, 지진이 일어나고
화산이 생긴다. 해저 화산은 점점 섬이 된다.

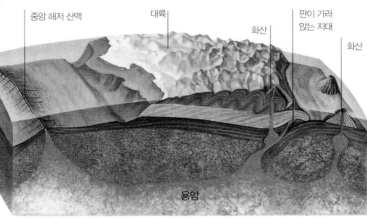

중앙 해저 산맥 · 대륙 · 화산 · 판이 가라앉는 지대 · 화산 · 용암

푸른 지구
우주에서 본 지구는 푸르다.
지구의 3분의 2가 물에
덮여 있다.

지구를 지키는 대기층
엷은 대기층은 75%가 지표면
15km 이내에 있다. 이 대기
덕분에 우리는 운석뿐만
아니라 우주에서 날아오는
해로운 방사선으로부터도
보호를 받고 있다.

사하라
사하라 사막에서는 거의
일 년 내내 태양이 머리
바로 위에 있다.

물의 힘

파도는 해안에 밀어닥쳐 절벽이나
산봉우리를 만든다. 강은 바위를 침식해
그랜드캐니언(오른쪽)과 같은 장대한
협곡을 만들고, 빙하는 산을 깎아 내린다.
미시시피 강처럼 느리게 흐르는 강에서는
강어귀에 퇴적물이 침전해 새로운 땅이
생긴다.

미국 애리조나 주의 장대한 그랜드캐니언은 사암과
석회암으로 이루어진 부드러운 퇴적암을 강물이 깎아
내려 생겼다. 현재 가장 깊은 곳은 1.9km이다.

미시시피 강은 미국의 대지를 흐르는 동안 섞여 든
침니로 무거워진 채 천천히 멕시코 만으로 흘러간다.
강어귀에서는 흐름이 느려 침전한 퇴적물이 삼각
지대를 만들어 새로운 땅이 생긴다.

지구 탐사
1990년대 초, 갈릴레오 우주 탐사선이 목성으로 가는 도중
두 번에 걸쳐 지구를 근접 비행(지표면에서 960km 이내)했다.
거대 행성으로 가기 위해 속력을 높이는 것이 목적이었지만,
갈릴레오는 지구와 달을 근접 촬영했다.

지구 자료	
지름	12,756km
태양으로부터의 평균 거리	149,600,000km
태양을 도는 궤도 속도	29.79km/초
공전 주기(1년)	365.26일
1일:	
자전 주기	23시간 56분
해돋이에서 해돋이까지	24시간
질량(지구=1)	1
평균 밀도(물=1)	5.52
표면 중력(지구=1)	1
표면 온도	-70℃~+55℃

관찰 일기

• 해시계 위에서 움직이는 막대기의
그림자를 눈으로 좇으며 지구의 자전을
관측해 보자.

• 날씨가 좋은 날 밤에 장시간 노출(약 15분)로
사진을 촬영하면 지구의 자전 때문에 별빛이
길게 끌리는 것이 보인다.

• 지구의 공전에 의해 계절마다 다른 별이
보인다. 46~49페이지의 별자리 지도를
이용해 지구가 태양을 도는 궤도를 그려 보자.

화성 *Mars*

화성 사진에서 보이는 매리너리스 협곡의 모습이 역동적이다. 위쪽 세 개의 반점은 거대한 화산이다. NASA를 중심으로 생명체를 발견하기 위한 화성 탐사가 진행되고 있다.

화성은 지구와 가장 비슷한 행성이다. 산과 사막과 흰 극관(화성의 양극 부근을 덮고 있는 흰 부분)이 있으며, 화산과 깊은 계곡도 있다. 과학자들은 화성에 생명이 존재한다고 믿었다. 19세기에는 일부 학자가 화성의 표면에 운하가 건설되어 있다고 보고했다. 그리고 표면의 검은 반점이 변하는 것은 식물이 자라기 때문이라고 믿었다. 그러나 오늘날 운하는 광학적인 착각이고, 거무스름한 바위 위에 덮여 있던 모래가 폭풍에 불려 날아가면 반점이 나타난다는 것을 알게 되었다.

지구의 동생

화성은 지름이 지구의 절반 남짓하고, 하루는 지구보다 41분 길며, 자전축은 1.7° 정도 더 기울어졌다. 화성의 모든 계절은 지구의 계절보다 두 배 더 길다.

25.2°

지구

화성의 구조

반지름 : 3,393km

지각
맨틀
핵

화성의 내부

철로 된 핵은 작고, 고체일 것이다. 핵이 액체라면 자장이 생길 텐데 화성에서는 자력이 탐지되지 않기 때문이다. 암석 맨틀이 핵을 덮고 있고, 바깥쪽에 단단한 지각이 있다. 엷은 대기(지구의 1% 이하)는 대부분 이산화탄소로 이루어져 있다.

대기의 성분

기타
아르곤
질소
이산화탄소

웅대한 올림포스 산

태양계에서 가장 큰 화산이다. 화성의 다른 많은 화산과 마찬가지로 기슭이 완만하게 경사진 거대한 방패 모양을 하고 있다. 지구에서는 용암이 지표 내부에서 잇달아 분출할 때 방패 모양의 화산이 생긴다. 그리고 지각이 끊임없이 이동하기 때문에 화산은 용암이 분출되는 지점에서 점차 멀어져 간다. 그러나 올림포스 산은 활발한 화산대 위에서 움직이지 않고 몇 백만 년 동안 계속 커 왔다. 현재는 화성의 화산이 모두 사화산이 되었다고 믿고 있다.

올림포스 산은 표고 26km로, 에베레스트 산의 3배이다. '방패'의 밑바닥은 한반도보다도 크고, 꼭대기의 구덩이는 서울의 다섯 배가 넘는다.

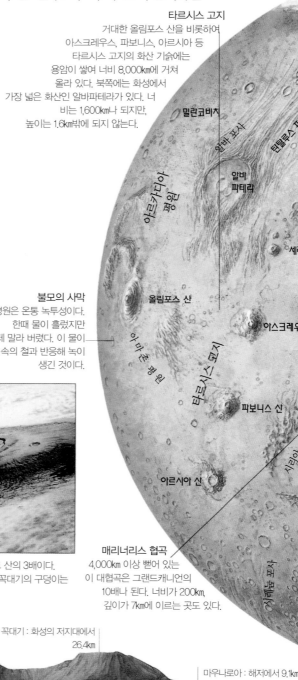

타르시스 고지
거대한 올림포스 산을 비롯하여 아스크레우스, 파보니스, 아르시아 등 타르시스 고지의 화산 기슭에는 용암이 쌓여 너비 8,000km에 거쳐 올라 있다. 북쪽에는 화성에서 가장 넓은 화산인 알바파테라가 있다. 너비는 1,600km나 되지만, 높이는 1.6km밖에 되지 않는다.

보레알리스 대평원
밀란코비치
윔바 포사
알바 파테라
타룸스 포사
마레오티스 포사
템페 포사
아르카디아 평원
우라니우스 언덕
세라우니우스 언덕
타르시스 언덕
올림포스 산
아스크레우스 산
매 리 너 리 스 수 협 곡
티토니아 카즈마
루스 카즈마
시나이 고원
타르시스 묘지
파보니스 산
아마존 평원
아르시아 산
시리아 고원
솔리스 고원

불모의 사막
붉은 평원은 온통 녹투성이다. 한때 물이 흘렀지만 이제 말라 버렸다. 이 물이 흙 속의 철과 반응해 녹이 생긴 것이다.

매리너리스 협곡
4,000km 이상 뻗어 있는 이 대협곡은 그랜드캐니언의 10배나 된다. 너비가 200km, 깊이가 7km에 이르는 곳도 있다.

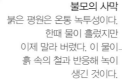

꼭대기 : 화성의 저지대에서
26.4km
마우나로아 : 해저에서 9.1km
올림포스 산
해면
해저
하와이 제도

남극의 겨울
겨울에는 물과 이산화탄소의 얼음에 덮여 있어 가장 크다. 여름에는 물의 얼음으로 얇게 덮여 있을 것이다.

감자 모양의 달

화성의 둘레를 포보스와 데이모스가 돌고 있다. 포보스는 28km, 데이모스는 16km로 아주 작기 때문에 1877년까지 발견되지 못했다. 둘 다 가까운 소행성 대에 있던 소행성으로 화성의 인력에 잡힌 것이 틀림없다. 대부분의 달(위성)과 마찬가지로 대기는 없지만 미세한 먼지를 잡아 둘 만큼의 인력은 양쪽 다 있다.

화성의 날씨
구름의 소용돌이는 폭풍이 불기 시작했다는 것이다. 화성에도 대기 속에 몇 종류의 구름이 있다.

데이모스
새까만 암석으로 이루어진 데이모스는 포보스에 비해 큰 구덩이가 적다. 표면도 더 매끄럽고, 갈라진 금도 적다.

붉은 행성을 도는 달
포보스와 데이모스는 다른 궤도상에 있다. 데이모스의 궤도 반경은 화성의 중심에서 23,460km, 포보스의 궤도는 9,380km이다. 데이모스는 화성을 30시간마다 한 번씩 도는 데 반해 포보스는 7시간 40분마다 한 번씩 돈다. 포보스는 화성의 1일보다 빨리 돌아 서쪽에서 떠서 동쪽으로 지는 것처럼 보인다. 그리고 화성의 중력에 의해 안쪽으로 끌려가고 있어 약 5천만 년 뒤에는 화성과 충돌할 것이다.

포보스
바이킹 1호 오비터가 포보스에 500km까지 접근해 구덩이가 많은 암석 표면을 촬영했다. (위) 가장 큰 구덩이인 스틱니는 지름이 대략 10km이다. 1989년에 구소련의 포보스 탐사선(위)은 지표면에서 50m 떨어진 거리에서 찍은 상세한 사진을 보낼 예정이었지만, 유감스럽게도 200~400km 상공에서 찍은 사진을 40장 보낸 뒤 교신이 끊겼다.

바이킹 오비터(궤도선)
두 대의 오비터가 몇 년 동안 화성의 둘레를 돌며 표면을 관측하고, 정보를 지구에 중계하고 있다.

데이모스　　　포보스

화성의 반지름을 1로 볼 때의 거리

구덩이에 뒤덮인 지형
화성에서는 천체와의 충돌이 자주 일어났다. 많은 구덩이가 바람의 침식을 받았지만, 몇 백만 년 동안이나 변하지 않은 채 남아 있는 것도 있다. 지구와 달리 화성에서는 판구조 현상이 일어나지 않아 표면이 변하지 않기 때문이다.

바이킹 착륙선(왼쪽)
두 대의 착륙선이 북반구의 두 곳으로 보내졌다. 양쪽 다 센서가 붙어 있어 화성의 흙을 만지거나 냄새 맡거나 보거나 맛보거나 하여 생명의 징후를 조사하고, 화성의 날씨를 관측할 수 있다. 위의 사진을 찍은 바이킹 2호의 일부가 전경에 보인다. 오른쪽에 보이는 금속 물체는 토양 채취용 삽이다. 이것으로 인근의 도랑을 파 생명체를 탐사했다.

바이킹의 임무
생명체를 찾기 위해 2대의 바이킹이 화성에 보내졌다. 1976년에 화성에 접근하여 오비터가 화성을 돌기 시작하고 착륙선은 화성 표면에 착륙했다. 흙의 샘플을 이용한 최초의 실험에서 가스가 발생해 살아 있는 세포가 존재하는 증거라고 믿었다. 하지만 뒤에 그 가스가 어떤 생물도 견딜 수 없는 강한 반응력을 지닌 화학 물질에서 나온 것을 알게 되었다.

먼지 폭풍
1971년처럼 먼지 폭풍이 화성 전체를 덮을 때도 있다. 타원 궤도를 지닌 화성이 태양에 가장 가까이 접근한 직후에 이런 일이 일어나기 쉽다.

화성 자료

지름	6,786km
태양으로부터의 평균 거리	227,940,000km
태양을 도는 궤도 속도	24.13km/초
공전 주기(1년)	686.98일
1일 :	
자전 주기	24시간 37분
해돋이에서 해돋이까지	24시간 38분
질량(지구=1)	0.11
평균 밀도(물=1)	3.95
표면 중력(지구=1)	0.38
표면 온도	−120℃~+25℃

관찰 일기

• 밤하늘에서 화성을 발견하기는 쉽다. 밝고 붉은 색을 띠고 있기 때문이다. 별들을 배경으로 한 화성의 움직임을 몇 개월간 추적해 보자. 지구가 화성을 앞지르기 때문에 몇 주 동안 되돌아가는 것처럼 보일 때가 있다.

• 작은 망원경으로 극관이나 어두운 부분을 관측 할 수 있다.

• 중형이나 대형 망원경을 사용하면 표면의 무늬가 더 잘 보인다. 안개가 낀 듯이 보이는 곳은 거대한 먼지 폭풍이 불고 있는 곳인지도 모른다.

지도 레이블: 북 60° 30° 0° 30° 60° 남 / 서 90° 60° 30° 0° 30° 60° 180° 210° 동 / 로슈 / 토드 / 샤플리스 / 스틱니 / 다레스트

화성 표면 레이블: 아키달리아 평원 / 카세이 협곡 / 루나 고원 / 크리세 평원 / 진주 만 / 코프라테스 카즈마 / 홀덴 / 헤일 / 라셀 / 네레이둠 산맥 / 아르기레 평원 / 슬라이퍼 / 로웰 / 새리텀고지

가스 거대 행성인 목성은 대기만 있을 뿐 지표면이 없다. 색깔이 선명한 구름 띠는 맹렬한 흐름에 의한 것이다.

목성 *Jupiter*

수소와 헬륨으로 이루어진 목성은 다른 행성을 모두 합한 것보다 크다. 대기 맨 위층의 가스가 적갈색과 오렌지색 구름이 되어 줄무늬를 만들고 있다. 아래층의 가스는 압축되어 액체가 된다. 가스는 더욱더 압축되어 금속처럼 보이고, 또 금속처럼 행동한다. 목성의 핵은 섭씨 35,000℃이고, 태양에서 받는 열의 2배를 밖으로 내보낸다. 목성의 질량이 지금의 50배라면 수소 융합이 가능할 정도로 핵이 뜨거워져 빛을 내는 별이 되었을 것이다.

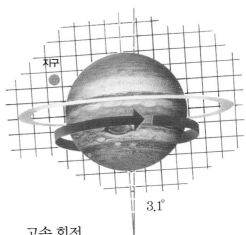
지구

3.1°

고속 회전
거의 똑바로 서서 자전하고, 자전 속도는 다른 어떤 행성보다 빠르다. 그 결과 목성은 적도 부분이 바깥쪽으로 부푼 타원형이 되었다.

목성의 구조
반지름: 71,492km
대기
액체 수소
금속성 수소
핵

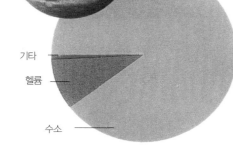

대기의 성분
기타
헬륨
수소

북극 지방
가장 알려져 있지 않은 지역이다. 다른 부분은 줄무늬 모양의 가스 띠(어두운 부분)와 영역(밝은 부분)으로 이루어져 있다.

북온대 띠
가장 북쪽에 있는 띠이다. 이 띠의 남쪽 끝에 지구 절반 크기나 되는 대기의 소용돌이인 적반이 나타나기도 한다.

목성의 내부
암석으로 이루어진 작은 핵이 있지만, 대부분은 가스 상태의 수소와 액체 상태의 수소, 그리고 금속성 수소로 구성되어 있다. 대기도 수소가 대부분이고 약간의 헬륨과 메탄, 암모니아가 섞여 있다.

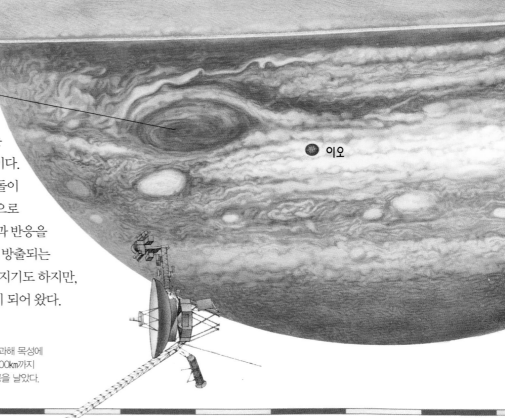
이오

가는 고리
1979년 1월에 보이저 1호에 의해 발견된 목성의 고리는 아주 엷고 희미하다. 더 희미한 '헤일로의 고리'는 구름 위에 퍼져 있다. 양쪽 다 미세한 검은 먼지 입자로 이루어져 있다.

대적점 (거대한 붉은 반점)
남반구에서 남위 20° 근처에 있는 대적점은 지구의 3배나 되는 (지름 약 40,000km) 거대한 태풍이다. 압력이 높은 이 지역에서는 소용돌이 치며 위로 올라가는 바람이 상공으로 가스를 보내고, 이것이 태양광선과 반응을 일으킨다. 붉은 것은 이 반응으로 방출되는 인 때문이다. 대적점은 때로 엷어지기도 하지만, 적어도 300년 동안 목성의 특징이 되어 왔다.

관찰 일기
• 목성은 다른 별보다 밝게 빛나 발견하기 쉽다.
• 쌍안경으로 목성의 적도 둘레에서 4개의 빛나는 작은 점(갈릴레이 위성)을 찾아보자. 목성을 돌기 때문에 이들 위성의 위치는 밤마다 다르다.
• 작은 망원경을 사용해 목성이 극지방에서 납작해지는 것을 확인해 보자. 노란 빛을 띤 검은 구름 줄무늬가 밤마다 변해 가는 모습을 관찰해 보자.

쌍둥이 보이저
1979년, 2대의 탐사선이 방사선대를 무사히 통과해 목성에 접근했다. 보이저 1호는 3월에 구름 상공 277,500km까지 다가갔고, 이어서 7월에 2호가 650,000km 상공을 날았다.

위성 가족

112개 이상 되는 목성의 위성 중
이오, 에우로파, 가니메데,
칼리스토가 가장 크다. 4개 모두
명왕성보다 크고, 가니메데는
수성보다도 크다. 이들은 1610년에
이탈리아의 천문학자 갈릴레오
갈릴레이에 의해 발견되어 갈릴레이
위성이라 불린다. 다른 위성들은
모두 작다. 아말테아는 지름 270km,
레다는 지름이 16km밖에 안 된다.

가니메데

지름 5,260km의 가니메데는 태양계에서 가장
큰 위성이다. 얼어붙은 지각은 태양계 초기에
운석과의 충돌로 생긴 구덩이에 뒤덮여 있다.
하지만 지표에 복잡한 봉우리나 홈도 있어
훗날 뒤틀렸다는 것을 알 수 있다.

황화합물의 연기가 이오의 화산에서 뿜어져 올라간다.

이오

 지름 3,630km의 이오에는 적색과 오렌색색,
황색 반점이 있다. 화산에서 300km 상공까지
내뿜어지는 연기 때문이다. 화산이 있는 위성은
단 2개인데, 이오가 그 중 하나이다. 이오와 목성
사이에는 목성의 자장으로 인해 생긴 강한 전류가
흐르고 있다.

에우로파

 4개의 큰 위성 가운데 가장 작은
(지름 3,140km) 에우로파는 알려진
것이 거의 없다. 이 위성을 뒤덮고
있는 얼음 밑에는 큰 바다가 있을
지도 모른다.

발할라
칼리스토

지름 4,800km의 위성 표면에는 운석과의
충돌로 생긴 구덩이가 밀집되어 있어
평원이 없다. 지름 300km의 발할라가
가장 크다. 칼리스토는 우리의 달과
비슷하지만, 구덩이가 암석이 아니라
얼음으로 되어 있다.

북열대
가장 밝은 곳이며, 줄무늬를 만들어 내는 구름보다
높은 상공에 있는 구름으로 이루어져 있다.
흰색은 암모니아의 결정에 의한 것이다.

북적도 띠
세찬 바람에 비틀려 생긴다. 목성의
바람은 복잡해서 인접한 띠나
영역에서는 반대 방향으로 분다.

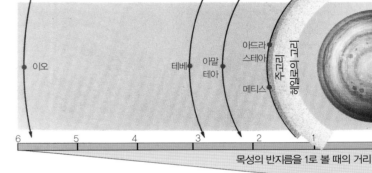

목성의 반지름을 1로 볼 때의 거리

가장 먼 위성 : 목성에서 2,370만km

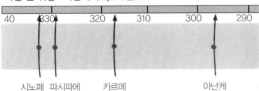
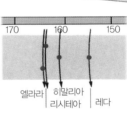
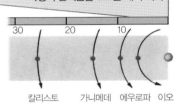

시노페 파시파에　카르메　　아난케　　　엘라라　히말리아 레다　　　칼리스토 가니메데 에우로파 이오
　　　　　　　　　　　　　　　　　　　　　리시테아

목성을 둘러싼 위성

16개의 위성은 세 무리로 나뉜다. (위 그림) 메티스,
아드라스테아, 아말테아, 테베가 목성의 중심에서
12만 8천~22만km 떨어진 곳(그림에서는 1.8과 3.1 사이)에서
돌고 있다. 42만~190만km 떨어진 곳에는 이오, 에우로파,
가니메데, 칼리스토 등의 갈릴레이 위성이 있다. 나머지 8개의
위성은 작아서 지름이 100km 이상 되는 것은 히말리아뿐이다.
이 중 4개는 1,100만~1,200만km 떨어진 곳에서 돌고 있다.
아마도 목성이 탄생할 때 남은 얼음과 암석 조각일 것이다.
맨 바깥쪽의 4개의 위성은 2,100만~2,400만km 떨어진 곳에서
다른 위성들과 반대 방향으로 돌고 있다. 이 위성들은 목성의
중력에 의해 소행성대에서 잡힌 것이 틀림없다.

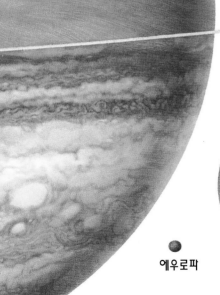

에우로파

남극 지방
구름이 소용돌이치는 이 복잡한 지역에서
종종 백반(일시적인 거대한 폭풍)이 생긴다.

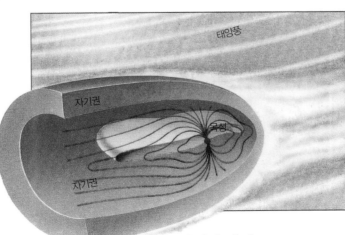

태양풍

자기권

목성

자기권

강력한 자력

빠른 속도로 도는 금속 수소층은 강력한 자장을 만들어
낸다. 자력선은 목성의 둘레에 거대한 자기권(지구의
자기권보다 1,200배 크다)을 형성한다. 자기권은
태양풍에서 고속으로 뻗어가는 전기를 띤 입자를 잡아
우주선에 장애가 되는 방사선대를 만들어 낸다.

목성 자료

지름	142,984km
태양으로부터의 평균 거리	133,708km
태양을 도는 궤도 속도	778,330,000km
공전 주기(1년)	13,06km/초
1일 :	11,86년
자전 주기	} 9시간 55분
해돋이에서 해돋이까지	
질량(지구=1)	318
평균 밀도(물=1)	1,33
표면 중력(지구=1)	2,64
표면 온도	−150℃

토성 *Saturn*

가스 거대 행성에는 모두 고리가 있지만, 다른 행성의 고리가 어두운 데 반해 토성의 고리는 눈부실 정도로 밝고 넓다. 너비가 거의 지구와 달 사이의 거리만큼 이다. 위성도 지금까지 관측된 것만 47개나 된다. 그러나 1933년, 1960년, 1990년, 흰색 대백점(거대한 태풍에 의한 것)의 출현을 빼면 행성 자체는 흥미로운 점이 없다. 토성은 행성 가운데서 밀도가 가장 낮은 것이 특징이기도 한데, 만약 거대한 바다에 띄운다면 둥둥 떠다닐 것이다.

토성을 떠나는 보이저 2호가 340만km의 거리에서 촬영했다.

회전하는 팽이
지구

목성과 마찬가지로 빠른 속도로 자전하고 있다. 토성의 1일은 10시간 40분밖에 안 되며, 자전축의 기울기는 26.7˚로 지구보다 약간 더 기울었다. 적도 부분이 부풀어 오른 점도 목성과 비슷하다.

26.7˚

토성의 구조
대기
액체 수소
금속성 수소
핵
반지름 : 60,268km

토성의 내부
수소와 헬륨으로 이루어져 있어 목성과 비슷하다. 암석 으로 이루어진 핵은 토성 쪽 이 크지만, 목성만큼 압축되 어 있지 않기 때문에 금속성 수소는 목성보다 적을 것이 다. 따라서 토성 쪽의 자장이 약할 것이다.

대기의 성분
기타
헬륨
수소

바람이 센 행성
파도 모양의 구름은 반대 방향으로 불고 있는 두 개의 바람의 경계를 나타낸다. 토성의 적도에서는 풍속이 시속 1,800km에 이른다.

고리의 세계
A고리, B고리, C고리는 지구에서도 보인다. 두께는 수십 미터밖에 안 되지만, 지름은 274,000km나 된다. 이들 고리는 수천 개의 가늘고 작은 고리로 나뉘어 있다. 지금은 4개의 고리가 더 알려졌다. 그 중 2개는 보기 힘든 G고리와 아주 희미한 E고리인데, E고리의 너비는 300,000km, 지름은 960,000km이다.

A고리
지구에서 보이는 맨 바깥쪽의 고리에는 엥케의 간극이라 불리는 가는 틈이 있고, 이곳을 맨 안쪽의 위성이 돌고 있다.

B고리
폭이 가장 넓고 밝으며 밀집된 B고리와 교차해 검은 방사상의 바퀴살이 보인다. 미세한 먼지 구름이 전기장에 의해 선 모양으로 모인 것일 것이다.

F고리
밝은 고리 중 맨 바깥쪽에 있는 가는 F고리는 1979년에 파이어니어 11호에 의해 발견되었다.

● 프로메테우스
F고리
판도라 ●

꼬인 고리
F고리는 때때로 꼬인 두 개의 작은 고리로 이루어져 있다. 판도라와 프로메테우스라는 두 개의 작은 '양치기 위성'의 중력에 의해 고리의 입자가 양떼처럼 쫓기기 때문이다.

앤의 반점
커다란 타원형의 반점이 보이저의 과학자 앤 벙커에 의해 발견되었다. 목성의 대적점과 비슷하지만 훨씬 작다.

얼음 위성

토성의 위성은 타이탄을 제외하고는 모두 얼음으로 이루어져 있다. 많은 위성에서 운석의 충돌로 생긴 구덩이가 다수 발견되는데, 같은 궤도 위성으로 알려진 야누스와 에피메테우스는 더 큰 위성이 부서져 2개가 된 것이다. 위성의 인력은 토성의 고리 모양에 큰 영향을 미치고 있다.

타이탄

태양계에서 위성으로는 두 번째로 크고(지름 5,150km), 대기가 많은 유일한 위성이다. 두꺼운 오렌지색 대기는 주로 질소로 이루어져 있고, 구름 밑에는 액체 천연 가스의 바다가 있을지도 모른다.

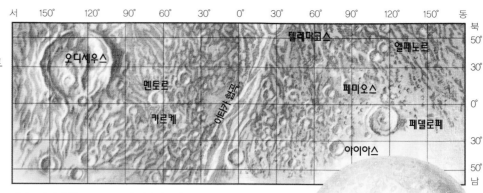

테티스의 전체 원둘레 3,250km를 나타내는 지도, 눈길을 끄는 것은 구덩이 오디세우스와 이타카 협곡이다. 전체 길이가 2,000km에 이르는 거대한 이타카 협곡은 운석의 충돌이나 지진으로 생긴 것인지 모른다.

미마스

지름이 겨우 390km인 미마스에서 눈길을 끄는 것은 지름 135km의 허셜 구덩이다. 이런 큰 충돌을 미마스가 어떻게 견뎌냈는지 의문이다.

허셜

오디세우스

테티스

얼음이 덮인 테티스에서도 거대한 구덩이가 눈길을 끈다. (오디세우스는 지름 400km, 테티스는 1,050km) 이 충격으로 테티스도 미마스처럼 부서졌다가 다시 합쳐졌을 것이다. 그리고 부서졌을 때의 조각이 토성의 고리가 됐는지 모른다. 북쪽에서 남쪽으로 달리는 이타카 협곡은 길이 2,000km, 너비 100km, 깊이 5km로 그랜드캐넌보다 훨씬 크다.

카시니의 간극
1675년에 발견될 때는 A와 B고리를 분리하는 틈처럼 보였다. 하지만 보이는 이곳에 100개 이상의 희미한 작은 고리가 있는 것을 발견했다.

C고리
'크레이프 고리'라는 애칭을 지닌 C고리는 지구에서 보이는 고리 가운데 가장 희미하고 푸르다. 가늘고 작은 고리가 많다.

D고리
토성에 닿을 정도로 가까운 D고리는 아주 희미하다.

토성을 둘러싼 위성

오른쪽은 가장 유명한 토성의 위성들이다. 맨 가까이에는 조그만 아틀라스(A고리의 양치기 위성)와 프로메테우스 및 판도라(F고리의 양치기 위성)가 있다. 좀더 바깥쪽에 있는 비교적 큰 위성 가운데도 같은 궤도를 돌고 있는 것이 있다. 아마도 전에는 한 위성이었기 때문일 것이다. 맨 바깥쪽의 포에베는 다른 위성들과는 반대 방향으로 돌고 있다.

가장 먼 위성 : 토성에서 12,950,000km

토성의 반지름을 1로 볼 때의 거리

포에베　　아페투스　　하이페리온　　타이탄　　레아　　디오네 헬레네

보이저, 토성으로

1980년, 1981년의 근접 비행으로 고리의 세계에 대한 생각이 바뀌었다.

고리

고리는 쭉 이어진 것처럼 보이지만, 실제로는 크기가 다른 수십억 개의 얼음 조각으로 이루어져 있다. 토성이 탄생할 때 남은 입자나 행성에 너무 가까이 접근했다가 부서진 위성의 조각일 것이다.

토성 자료

지름(적도)	120,536km
지름(극)	108,728km
태양으로부터의 평균 거리	1,426,980,000km
태양을 도는 궤도 속도	9.64km/초
공전 주기(1년)	29.46년
1일 : 자전 주기 해돋이에서 해돋이까지	10시간 40분
질량(지구=1)	95.18
평균 밀도(물=1)	0.69
표면 중력(지구=1)	0.925
표면 온도	−180℃

관찰 일기

• 별자리 지도에서 토성이 어디 있는지 찾아보자. 항성으로 착각하기 쉽다.
• 배율이 높은 쌍안경이라면 고리가 보일 것이다.
• 작은 망원경으로 토성을 둘러싸고 있는 고리와 가장 큰 위성인 타이탄을 찾아보자.
• 1995년과 1996년 초에는 토성이 고리가 없는 것처럼 보였다. 지구를 향해 똑바로 옆으로 서 있었기 때문이다.

33

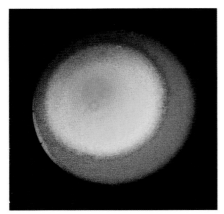

900만km 거리에서 보이저 2호가 찍은 천왕성. 세부가 잘 보이도록 색깔을 입혀 강조했다.

천왕성 *Uranus*

1781년, 영국의 천문학자 윌리엄 허셜이 초록빛을 띤 원반상을 발견했다. 처음에는 혜성이라고 생각했지만, 그 움직임을 보고 토성보다 2배 멀리 떨어진 행성이라는 것을 알았다. 천왕성은 지구의 4배나 되는 거대한 가스 행성이다. 위성도 허셜이 2개를 발견한 뒤 25개가 더 관측되었다. 천왕성의 가장 큰 특징은 옆으로 쓰러져 태양을 돌고 있다는 것이다. 그리고 1977년, 천문학자들은 이 행성을 둘러싸고 있는 어둡고 가는 고리들을 발견했다.

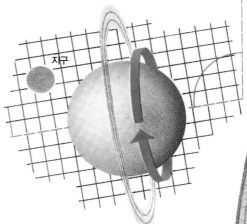

옆으로 쓰러진 행성
17시간 4분마다 한 번씩 자전하고, 자전축의 기울기는 97.9°로 거의 옆으로 쓰러져 있다.

천왕성의 구조
반지름·25,559km
대기 / 물 암모니아 / 메탄 / 핵

천왕성의 내부
암모니아, 물, 메탄가스의 혼합물이 암석으로 된 핵을 감싸고 있다. 그러나 다른 거대 가스 행성과 달리 내부에서 열이 거의 발생하지 않는다.(이 행성이 수축하지 않는다는 것을 의미한다) 대기는 수소가 주성분이고, 헬륨과 메탄이 약간 섞여 있다.

대기의 성분

메탄 / 헬륨 / 수소

모든 것이 안개 속
태양광선이 비치는 상층의 대기는 천연가스(아세틸렌과 메탄)의 엷은 안개로 덮여 있는 것 같다.

미지로의 여행
1986년 1월 24일, 보이저 2호는 약 8년 반의 여행 끝에 천왕성에 도착, 구름 꼭대기에서 81,600km까지 근접 비행했다.

밋밋한 행성
보이저 2호는 작은 구름을 발견했다. 이 구름의 움직임으로 천왕성에는 최대 시속 300km의 바람이 불고 있다는 것을 알게 되었다.

기나긴 계절
84년에 걸쳐 태양을 한 바퀴 도는 천왕성은 극지가 태양 쪽을 향하든가 그 반대가 되어 계절이 바뀐다. 자전축이 많이 기울었기 때문에 계절이 무척 길다. 양극은 번갈아 42년간 계속 태양광선을 받고, 다음 42년간은 암흑이 계속된다. 현재는 남반구가 한여름이다. 하지만 천왕성에는 태양광선이 조금밖에 닿지 않기 때문에 여름과 겨울의 온도차는 섭씨 2℃ 이내이다.

1966 북 / 1985 북 / 2030 북 / 2007 북

자력의 혼란
보이저 2호는 지구의 자장과 비슷한 강도의 자장을 발견했다. 그러나 자장의 축의 방향이 자전축에 대해 60° 기울었다. 게다가 자력이 행성의 핵에서 10,000km 떨어진 지점에서 생기고 있다. 아마도 물과 암모니아로 된 두꺼운 맨틀 속의 전류에 의해 일어나는 것 같다.

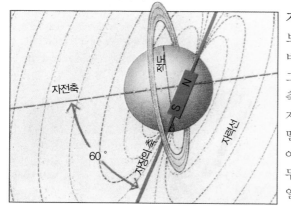
자전축 / 60° / 지평선

어두운 고리
1977년, 천왕성이 항성 앞을 지나갈 때 고리가 발견되었다. 별빛이 아홉 번 가로막혀 아홉 개의 고리가 있다는 것을 알게 되었다. 보이저 2호는 두 개의 고리를 더 밝혀냈다. 대부분의 고리는 좁고(10km 이하), 1m 정도의 어두운 암석 덩어리로 이루어져 있을 것이다.

보이저 2호가 찍은 고리의 사진

천왕성의 위성군

보이저는 이전에 알려졌던 오베론, 티타니아(지름 1,580km), 움브리엘,
아리엘(지름 1,160km), 미란다(지름 470km) 외에 10개의 위성을
더 발견했다. 모두 지름이 150km도 안 된다. 그중 코딜리아와
오필리아는 타원형을 이룬 바깥쪽 고리의 입자를 길들이는
양치기 위성이다. 이미 알고 있던 5개의 위성에 대해서도
보이저는 놀라운 사실을 밝혀냈다. 모행성인 천왕성과
달리 이들 위성에서는 아주 복잡한 지형이 발견되었다.

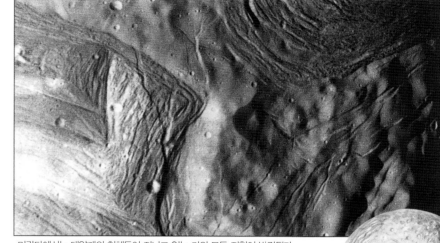

미란다에서는 태양계의 천체들이 지니고 있는 거의 모든 지형이 발견된다.

아리엘

얼음이 덮인 표면에서 최대 30km
깊이의 홈이 군데군데 있지만,
구덩이는 비교적 적다.
화산 활동으로 많은
구덩이가 묻혔을
것이다.

원다

미란다

이 위성은 거대한 운석의 충돌로
날아갔지만 뒤에 다시 한 덩어리가
되었을 것이다. 구덩이, 절벽, 평평한
지역 등이 제멋대로 모여 있는 미란다는 지름이
500km도 채 못 되지만 지구의 그랜드캐년보다
10배나 깊은 협곡이 있다.

움브리엘

주요 위성 가운데서(아리엘보다 10km 크다) 가장
어둡고, 구덩이도 가장 많다. 인근의 위성들과 달리
표면에는 최근 활동을 한 흔적이 없다. 색다른 것은
가장 자리가 밝은 구덩이 원다(지름 110km)이다 .

위성

주요 위성군은 천왕성
에서 130,000km와
583,000km 사이를
돌고 있지만, 새로
발견된 위성들은
행성에 훨씬 가까이
있다. 모두 행성과
같은 방향으로
돌고 있다.

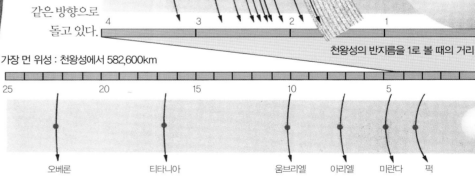

천왕성의 반지름을 1로 볼 때의 거리

가장 먼 위성 : 천왕성에서 582,600km

25   20   15   10   5

오베론   티타니아   움브리엘   아리엘   미란다   퍽

천왕성 자료

지름(적도)	51,118km
지금(극)	49,946km
태양으로부터의 평균 거리	2,870,990,000km
태양을 도는 궤도 속도	6.81km/초
공전 주기(1년)	84.01년
1일 :	
자전 주기	17시간 14분
해돋이에서 해돋이까지	
질량(지구=1)	14.5
평균 밀도(물=1)	1.29
표면 중력(지구=1)	0.79
표면 온도	-210℃

관찰 일기

• 천왕성은 육안으로는 거의 보이지 않는다.
별자리 지도에서 현재의 위치를 찾아보고
맑은 날 밤에 바라보자.

• 쌍안경으로 보면 초록빛으로 보일 것이다.
천왕성은 항성 사이를 천천히 이동한다.

• 망원경을 사용하면 원반상이 보이지만 상
세한 것은 보이지 않는다.

해왕성 *Neptune*

천왕성이 발견된 뒤 천문학자들은 이 행성이 미지의 중력에 이끌려 조금씩 궤도를 벗어나는 것을 깨닫고, 아마도 그 바깥쪽에 또 다른 행성이 있을 것이라고 생각했다. 영국의 존 카우치 애덤스와 프랑스의 위르뱅 르베리에라는 두 수학자가 각각 보이지 않는 행성이 있어야 할 곳을 계산으로 구했다. 1846년, 예측한 그 자리에서 베를린의 요한 갈레에 의해 정확하게 발견되었다. 그 후 천문학자들은 해왕성을 도는 2개의 위성을 찾아냈다. 1989년에는 보이저 2호의 접근에 의해 고리가 발견되었다.

착색 처리를 한 해왕성의 화상. 메탄의 대기 위에 낀 안개(적색)가 보인다.

해왕성의 구조

반지름 : 24,764km

대기 / 물 암모니아 메탄 / 핵

해왕성의 내부
천왕성과 마찬가지로 암석으로 이루어진 작은 핵이 있다. 이 바깥쪽에 따뜻한 물과 가스로 된 층이 두껍게 덮여 있다.

대기의 성분
수소 / 메탄 / 헬륨

천왕성의 쌍둥이
해왕성은 천왕성과 비교해 3% 작고, 하루는 67분 짧다. 그러나 거의 똑바로 서서 태양을 돌고 있다. 자전축의 기울기는 지구보다 약간 더 크다.

29.6°

푸른 행성
해왕성은 지구를 빼고 태양계에서 가장 푸른 행성이다. 대기에는 메탄이 얼어붙은 흰 구름이 떠 있다.

제4의 고리
해왕성에 접근한 보이저 2호가 4개의 고리를 발견했다. 그 중 2개는 너비가 넓고 다른 2개는 좁다. 고리는 대부분 아주 작은 입자로 이루어져 있고, 그 입자들은 고리 속에 고르게 퍼져 있다. 그런데 맨 바깥쪽 고리에는 입자들이 서로 엉겨 붙어 있는 3개의 덩어리가 있다. 이런 덩어리가 어떻게 계속 존재하는지 아직도 밝혀지지 않았다.

양치기 위성
고리 안쪽의 2개의 위성이 양치기처럼 입자를 지키고 있다. 지름이 겨우 150km인 갈라테아는 바깥쪽 고리를, 지름 180km의 데스포이나는 두 번째 가는 고리를 지킨다.

강풍
해왕성의 자전 방향과 반대로 도는 바람이 두 개의 흑점을 뒤로 밀어 낸다. 스쿠터라 불리는 구름은 깊은 곳에 있어서 바람의 영향을 별로 받지 않는다. 때문에 빠른 속도로 자전 방향으로 돌고 있는 것처럼 보인다.

대흑점
지구 크기의 거대한 폭풍이다. 흑점 주위에서는 시속 2,000km의 바람이 서쪽으로 불고 있다. 태양계에서 가장 빠른 바람이다.

스쿠터
이 반점은 해왕성을 16.8시간에 한 번씩 빠르게 돌고 있다. 스쿠터의 모양은 보이저가 탐사하는 중에도 원에서 사각, 다시 삼각으로 변했다.

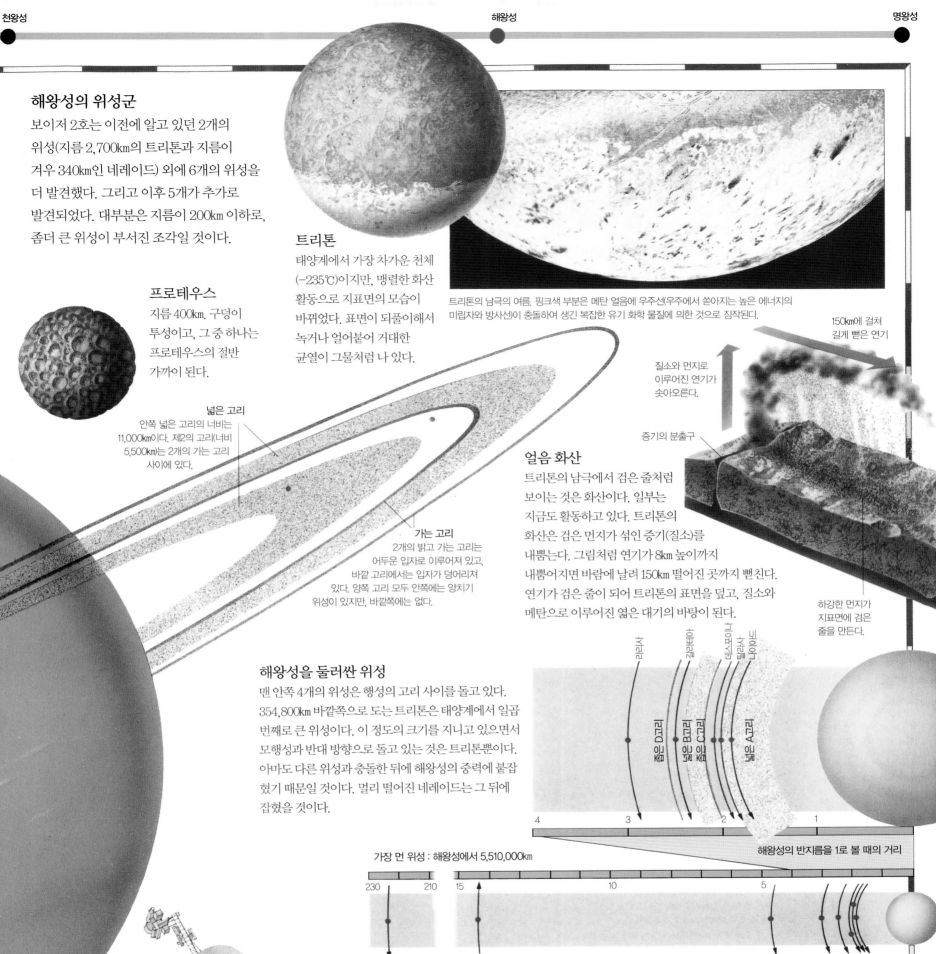

해왕성의 위성군

보이저 2호는 이전에 알고 있던 2개의 위성(지름 2,700km의 트리톤과 지름이 겨우 340km인 네레이드) 외에 6개의 위성을 더 발견했다. 그리고 이후 5개가 추가로 발견되었다. 대부분은 지름이 200km 이하로, 좀더 큰 위성이 부서진 조각일 것이다.

프로테우스

지름 400km. 구덩이 투성이고, 그중 하나는 프로테우스의 절반 가까이 된다.

트리톤

태양계에서 가장 차가운 천체(−235℃)이지만, 맹렬한 화산 활동으로 지표면의 모습이 바뀌었다. 표면이 되풀이해서 녹거나 얼어붙어 거대한 균열이 그물처럼 나 있다.

트리톤의 남극의 여름. 핑크색 부분은 메탄 얼음에 우주선(우주에서 쏟아지는 높은 에너지의 미립자와 방사선)이 충돌하여 생긴 복잡한 유기 화학 물질에 의한 것으로 짐작된다.

150km에 걸쳐 길게 뻗은 연기

질소와 먼지로 이루어진 연기가 솟아오른다.

증기의 분출구

넓은 고리
안쪽 넓은 고리의 너비는 11,000km이다. 제2의 고리(너비 5,500km)는 2개의 가는 고리 사이에 있다.

가는 고리
2개의 밝고 가는 고리는 어두운 입자로 이루어져 있고, 바깥 고리에서는 입자가 덩어리져 있다. 양쪽 고리 모두 안쪽에는 양치기 위성이 있지만, 바깥쪽에는 없다.

얼음 화산

트리톤의 남극에서 검은 줄처럼 보이는 것은 화산이다. 일부는 지금도 활동하고 있다. 트리톤의 화산은 검은 먼지가 섞인 증기(질소)를 내뿜는다. 그림처럼 연기가 8km 높이까지 내뿜어지면 바람에 날려 150km 떨어진 곳까지 뻗친다. 연기가 검은 줄이 되어 트리톤의 표면을 덮고, 질소와 메탄으로 이루어진 얇은 대기의 바탕이 된다.

하강한 먼지가 지표면에 검은 줄을 만든다.

해왕성을 둘러싼 위성

맨 안쪽 4개의 위성은 행성의 고리 사이를 돌고 있다. 354,800km 바깥쪽으로 도는 트리톤은 태양계에서 일곱 번째로 큰 위성이다. 이 정도의 크기를 지니고 있으면서 모행성과 반대 방향으로 돌고 있는 것은 트리톤뿐이다. 아마도 다른 위성과 충돌한 뒤에 해왕성의 중력에 붙잡혔기 때문일 것이다. 멀리 떨어진 네레이드는 그 뒤에 잡혔을 것이다.

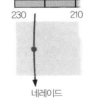

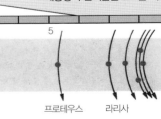

좁은 D고리　넓은 B고리　좁은 C고리　넓은 A고리

4　　3　　2　　1

해왕성의 반지름을 1로 볼 때의 거리

가장 먼 위성 : 해왕성에서 5,510,000km

230　　210　　15　　10　　5

네레이드　　트리톤　　프로테우스　라리사

별들 사이를 날아서
1989년 8월 24일, 보이저는 12년간의 여행 끝에 해왕성에 다가갔다. 트리톤과 마지막으로 만난 뒤 탐사선은 태양계에서 튀쳐나가 별들 사이를 날아다닐 것이다.

작은 흑점
대흑점과는 반대 방향으로 돌고, 하강하는 물질로 이루어져 있다. 중심에 구름이 위로 올라가는 부분이 있다.

해왕성 자료

지름(적도)	49,528km
지금(극)	48,600km
태양으로부터의 평균 거리	4,497,070,000km
태양을 도는 궤도 속도	5.43km/초
공전 주기(1년)	164.79년
1일 :	
자전 주기	16시간 7분
해돋이에서 해돋이까지	17.14
질량(지구=1)	1.64
평균 밀도(물=1)	1.12
표면 중력(지구=1)	
표면 온도	−210℃

관찰 일기

• 해왕성은 육안으로 보이지 않는다. 너무 멀리 떨어져 있고, 아주 희미하기 때문이다.
• 해왕성의 현재의 위치를 보여주는 별자리 지도와 쌍안경을 사용하여 해왕성의 움직임을 더듬어 보자. 아주 희미한 푸른빛을 띤 별처럼 보일 것이다.
• 중형 망원경이 있으면 해왕성이 원반상으로 보이고, 가장 큰 위성인 트리톤도 보일 것이다.

37

명왕성 *Pluto*

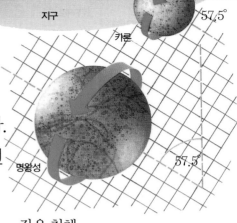

지구
카론
57.5
명왕성
57.5

작은 천체
명왕성과 카론은 모두 57.5°로 기울었고, 다른 행성들과는 반대 방향으로 자전한다. 지구는 명왕성의 5배의 지름, 5백 배의 질량을 지닌다.

명왕성과 그 위성 카론. 지구 둘레를 도는 허블 망원경이 잡은 이중 행성의 모습이다.

천문학자들은 해왕성을 발견했을 때 그 정도의 질량으로는 천왕성을 예상 궤도에서 벗어나게 할 수 없다는 것을 알았다. 그래서 아홉 번째 행성 찾기가 계속되었다. 탐색을 계속하던 미국의 천문학자 퍼시벌 로웰이 죽은 지 12년 뒤, 이전의 공동 연구자가 고용한 젊은 천문학자 클라이드 톰보가 1930년 2월, 명왕성을 발견, 태양계의 아홉 번째 행성이 되었다. 태양계에서 가장 작은 이 행성에는 절반 크기의 달 카론이 있어 둘은 이중 행성처럼 움직인다. 그러나 이 둘의 중력을 합해도 천왕성에 영향을 주기에는 너무 작다. 명왕성은 결국 2006년, 왜소행성으로 분류 되었다.

명왕성의 구조
물과 메탄의 얼음
물의 얼음
핵
반지름 : 1,142km

명왕성의 내부
명왕성과 그 위성은 천왕성이나 해왕성의 얼어붙은 위성보다 밀도가 높다. 이는 곧 암석이 있다는 증거이다. 아마도 양쪽 다 암석으로 된 큰 핵이 있고, 그것이 얼음으로 된 맨틀에 덮여 있을 것이다. 명왕성이 태양에 가장 가까이 다가갈 때는 엷은 대기가 생긴다. 이 대기 속에는 메탄과 질소가 들어 있다.

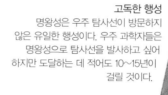

대기의 성분
메탄
질소

고독한 행성
명왕성은 우주 탐사선이 방문하지 않은 유일한 행성이다. 우주 과학자들은 명왕성으로 탐사선을 발사하고 싶어 하지만 도달하는 데 적어도 10~15년이 걸릴 것이다.

기묘한 궤도
명왕성은 행성답지 않은 궤도를 갖고 있다. 태양을 도는 궤도는 아주 긴 타원이고, 248년의 공전 주기 중 20년간은 해왕성의 안쪽을 지나간다. 게다가 다른 행성의 궤도면 기울기는 몇 도 이내인 데 반해 명왕성은 17°이다.

카론
카론과 명왕성의 거리 (19,640km)는 달과 지구 거리의 20분의 1밖에 되지 않는다. 표면은 물의 얼음으로 덮여 있다.

명왕성의 궤도
해왕성의 궤도
천왕성의 궤도

방랑하는 행성
기울어진 타원 궤도를 지닌 명왕성은 1979년에 해왕성의 궤도 안쪽으로 들어가 1999년 까지 '가장 먼 행성'의 자리에서 내려오게 되었다.

이중 행성
명왕성과 카론은 이중 행성이다. 미국의 천문학자 짐 크리스티는 명왕성이 기묘한 모습을 하고 있는 것을 보고 다른 천체가 명왕성 가까이 있기 때문이라고 생각 했다. 그리고 1978년, 카론을 발견했다. 지름 1,192km의 카론은 지름 2,284km의 명왕성 절반보다 조금 크다.

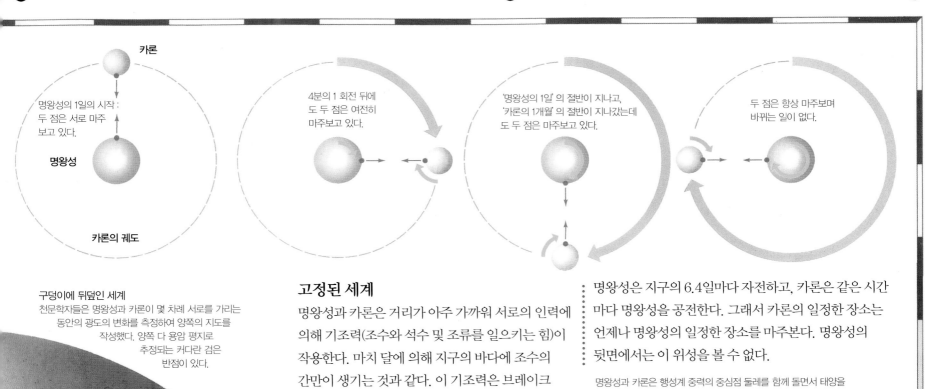

명왕성의 1일의 시작 : 두 점은 서로 마주 보고 있다.

카론

명왕성

카론의 궤도

4분의 1 회전 뒤에도 두 점은 여전히 마주보고 있다.

'명왕성의 1일'의 절반이 지나고, '카론의 1개월'의 절반이 지나갔는데도 두 점은 마주보고 있다.

두 점은 항상 마주보며 바뀌는 일이 없다.

구덩이에 뒤덮인 세계
천문학자들은 명왕성과 카론이 몇 차례 서로를 가리는 동안의 광도의 변화를 측정하여 양쪽의 지도를 작성했다. 양쪽 다 용암 평지로 추정되는 커다란 검은 반점이 있다.

고정된 세계

명왕성과 카론은 거리가 아주 가까워 서로의 인력에 의해 기조력(조수와 석수 및 조류를 일으키는 힘)이 작용한다. 마치 달에 의해 지구의 바다에 조수의 간만이 생기는 것과 같다. 이 기조력은 브레이크 작용을 하여 두 천체가 도는 속도를 늦춘다.

명왕성은 지구의 6.4일마다 자전하고, 카론은 같은 시간마다 명왕성을 공전한다. 그래서 카론의 일정한 장소는 언제나 명왕성의 일정한 장소를 마주본다. 명왕성의 뒷면에서는 이 위성을 볼 수 없다.

명왕성과 카론은 행성계 중력의 중심점 둘레를 함께 돌면서 태양을 돌고 있다. 그러나 중력의 중심점은 명왕성에서 상당히 떨어져 있다. (아래 그림) 카론이 이중 행성계의 질량의 12%에 이르기 때문이다.

카론 : 명왕성에서 19,640km

중심

명왕성

18 17 16 15 14 13 12 11 10 9 8 7 6 5 4 3 2 1

명왕성의 반지름을 1로 볼 때의 거리

발견되지 않는 행성

카론이 발견되고 나서 명왕성의 질량은 천왕성에 영향을 미치기에는 너무 작다는 것이 분명해졌다. 해왕성도 예상 궤도를 지나가지 않는다. 그래서 천문학자들은 명왕성보다 더 기울어진 궤도를 지닌 열 번째 행성 X를 찾고 있다. 그런 천체가 있다면 현재 태양계 밖을 향해 날아가고 있는 4개의 우주 탐사선(2대의 파이어니어와 2대의 보이저)에 영향을 줄 것이다. 한 가지 추론은, 행성 X는 천왕성이나 해왕성과 같은 크기의 얼음 천체지만 질량이 작고, 해왕성의 3배 이상의 속도로 태양을 돌고 있으리라는 것이다. 행성 X의 중력이 종종 캐터펄트(발사기) 작용을 하여 태양계 안으로 혜성을 보낸다고 생각하는 천문학자도 있다. 그리고 이런 혜성 중 하나가 지구와 충돌해 공룡을 멸종시킨 것이 아닐까 추측하고 있다.

행성 X는 지구의 2배나 3배 크기의 검은 천체일지도 모른다. 그리고 그 너머에 더 많은 행성이 있을지도 모른다.

지구

행성 X

행성 X의 궤도

전파가 닿지 않는 세계
행성 X의 궤도는 태양계의 다른 행성들의 궤도면과 직각을 이루고 있을 것이다.

극관
밝은 부분은 명왕성에 흰 극관이 있다는 것을 나타낸다. 아마도 메탄의 얼음으로 이루어져 있을 것이다. 핑크빛을 띠고 있는 나머지 부분은 탄소의 존재를 나타내는 것인지도 모른다.

명왕성의 궤도

해왕성의 궤도

명왕성 자료

지름(적도)	2,284km
태양으로부터의 평균 거리	5,913,520,000km
태양을 도는 궤도 속도	4.74km/초
공전 주기(1년)	248.54년
1일 :	
자전 주기	6일 9시간
해돋이에서 해돋이까지	
질량(지구=1)	0.0022
평균 밀도(물=1)	2.03
표면 중력(지구=1)	0.04
표면 온도	−220℃

혜성 *Comets*

혜성의 본체는 지름이 겨우 몇 km에 불과한 얼음 덩어리이다.
혜성이 궤도를 돌면서 태양에 다가가면 표면의 얼음이 증발하여
커다란 가스의 머리(코마)가 되고, 태양풍에 불려 날아가 긴
꼬리가 생긴다. 몇 주간의 짧은 기간에만 빛나고, 그 뒤에는
태양계 끝의 얼어붙은 세계로 돌아간다. 최근에는 큰 혜성이
없었지만, 혜성은 예상이 빗나가는 것으로 유명해서
어딘가에서 갑자기 나타나 빛을 뿌릴지 모른다.

웨스트 혜성은 1976년에 나타났다. 직선의 청색 가스
꼬리와 완만한 곡선을 그리는 노란빛의 먼지 꼬리가
보인다.

화성을 지나갈 때쯤
에는 꼬리가 생긴다.

가스 꼬리는 태양풍의 전기를 띤
입자에 불려 날아가 직선으로 뻗친다.

혜성의 꼬리

긴 타원 궤도를 지닌 혜성은 태양에 다가
가면 얼어붙은 표면이 증발하여 커다란 가스의 머
리(코마)가 생긴다. 이 가스가 태양풍에 불려 날아가면
서 가스가 증발할 때 함께 방출되는 먼지 입자와 더불어 한
쌍의 꼬리가 된다. 그리고 태양을 도는 동안 점차 커진다. 가스
의 꼬리는 1억km 이상이다. 태양에서 멀어져 감에 따라 꼬리도
작아진다.

먼지 꼬리의 경로도 태양광에
불려 날아가 혜성의 궤도를 따라
곡선을 그린다.

태양에서 멀어져 갈 때도 꼬리를
앞으로 내민다. 꼬리가 태양풍에
불려 날아가기 때문이다.

태양에 가장 가까이 접근하여 가스가
가장 많이 방출될 때 꼬리도 가장 길어진다.

정기적인 방문자

핼리 혜성은 기원전 240년
이래 76년마다 태양계에
나타나고 있다. 이름은 영국의
천문학자 에드먼드 핼리의
이름을 따서 붙였다.
1705년에 핼리는 몇 개
의 다른 혜성이 같은
혜성이라는 것을 밝혀
냈다.

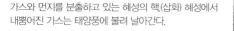

가스와 먼지를 분출하고 있는 혜성의 핵(삽화) 혜성에서
내뿜어진 가스는 태양풍에 불려 날아간다.

혜성의 내부

혜성의 본체인 핵은 코마의 내부 깊숙이
있다. 1986년에 탐사선 조토가 핼리 혜성
으로 날아 들어가 감자 모양의 얼음과
암석 덩어리로 되어 있는 핵을 관찰했다.
크기는 16x8km이고, 검은 물질로 덮여 있다.
표면에는 낮은 언덕이나 구덩이가 있다. 태양열
을 받으면 가스 분출물이 얇은 껍질을 뚫고 나오고,
표면을 덮고 있던 먼지가 우주 공간으로 흘러 나간다.

유럽에서 쏘아올린 승용차 크기의
탐사선 조토가 핼리 혜성의 핵 속으로
시속 25만km로 날아 들어갔다.
혜성 안을 빠른 속도로 나는 먼지의
입자 때문에 기기의 일부가 파괴되었다.

핼리 혜성으로의 여행

1986년 3월, 조토 탐사선은 핼리
혜성에 600km까지 접근했다.
혜성의 핵의 화상을 보내오는
동시에 분출 가스(주로 수증기)
의 샘플을 채취하고 먼지 입자를
분석했다. 핵에서 샘플을 채취하
기 위해 탐사선과 혜성을 결합시
키려는 계획이 세워져 있다. 이것이
실행되면 우리 행성의 기원을 밝혀내는 단서를
얻을 수 있을 것이다. 혜성은 태양계가 탄생할
때의 우주 먼지로, 그 이후 조금도 변하지
않았다고 알려져 있기 때문이다.

혜성은 어디에서 올까?

긴 궤도를 지니고 있는 것으로 보아 혜성은 태양계 저 너머에서 올 것이다.
네덜란드의 천문학자 얀 오트의 주장에 따르면, 혜성의 고향은 태양계를
둘러싸고 있는 오트 혜성 구름 속에 있다고 한다. (안쪽의 경계선은
해왕성의 궤도 가까이 있고, 바깥쪽은 2광년에 이른다) 천문학자들은
그곳에 얼어붙은 혜성이 수없이 존재하며, 다양한 궤도로 태양의
주위를 돌고 있다고 추측한다. 종종 그 옆을 지나가는 별의 중력에
의해 궤도가 흐트러져 태양계 안으로 혜성이 떨어진다. 1년에 10개
정도의 새로운 혜성이 태양계를 찾아와 핼리 혜성과 마찬가지로
태양의 중력에 잡힌다. 천문학자들은 오트 구름이 태양이나 행성을
만들어 낸 구름의 잔재라고 생각해서 혜성을 연구하면 태양계가
탄생할 때의 상황을 알 수 있을 것으로 짐작한다.

핼리 혜성의 질량
핼리 혜성은 돌아올 때마
다 그 질량이 2억 5,000만
톤씩 줄어든다. 이런 비율
로 나간다면 17만 년 뒤에
는 사라질 것이다.

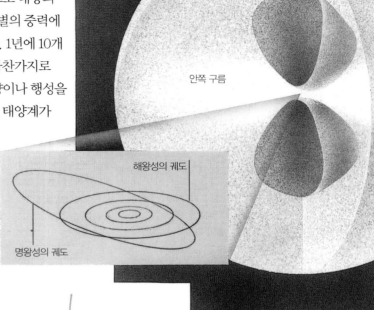

바깥쪽 구름

안쪽 구름

오트 혜성 구름의 구조
많은 혜성은 안쪽 구름에 모여 있고, 행성과 거의
같은 면에서 태양을 돌고 있다. 바깥쪽 구름에 있는
혜성의 궤도는 옆으로 지나가는 별의 영향으로 한
결같지 않다. 두 성운 사이의 어두운 부분에
는 비교적 혜성이 적다.

해왕성의 궤도

명왕성의 궤도

혜성의 종류

비주기 혜성은 궤도가 커서 태양을 도는 데 몇 백만 년씩
걸린다. 1914년의 델라반 혜성은 2400만 년 동안 태양계
안에서 보이지 않을 것으로 추정된다. 장주기 혜성은 궤도
를 도는 데 2백 년 이상, 때로는 몇 천 년 이상 걸린다. 단주기
혜성은 행성의 중력(특히 목성의 중력)에 잡힌 혜성으로,
비교적 빨리 태양을 돈다. 주기가 가장 짧은 엥케 혜성은
3.3년마다 태양을 돈다.

코브프 혜성
이 장주기 혜성은 1905년에
처음으로 태양계를 방문했다.
그때 핵의 작은 부분이 떨어져
나갔다. 수천 년 뒤에야 돌아올
것이다.

클레몰라 혜성
1965년, 아르헨티나에서
처음으로 발견된 이 혜성은
11년 주기로 태양을 돌고
있다.

천왕성의 궤도

해왕성의 궤도

명왕성의 궤도

슈테판오테르마 혜성
1867년, 1942년, 1980년에
태양에 접근한 단주기 혜성.

핼리 혜성
76년 주기로 태양을 돈다. 기원전
240년 이래 30번이나 지구에
접근했다.

쌍둥이자리 유성군에서 날아오는 유성을 잡은 장시간 노출 사진

유성군

혜성은 태양계를 떠돌면서 먼지 꼬리를 남긴다. 해마다 몇 차례씩
이 파편(먼지 입자) 속을 지구가 지나간다. 몇 백만 개에 이르는
먼지 입자가 지구의 대기와 충돌한다. 그러나 작고 가벼워서
아무런 피해도 주지 않고 타 버리며 유성이 되어 빛난다. 파편은
주기 혜성의 궤도상에도 흩어져 있어 지구가 궤도를 가로지르면
해마다 유성군이 나타난다.

유성군

유성군	극대 시기	최대 개수(시간당)
용자리 ι	1월 3~4일	50
거문고자리	4월 22일	10
물병자리 η	5월 5일	10
물병자리 δ	7월 31일	25
페르세우스자리	8월 12일	50
오리온자리	10월 21일	20
황소자리	11월 8일	10
사자자리	11월 17일	10
쌍둥이자리	12월 14일	50
작은곰자리	12월 22일	15

연중 보이는 주요 유성군. 페르세우스 유성군이 가장 장관이다.

관찰 일기

• 혜성은 대개 희미해서 육안으로는 보이지
않는다. 그러나 때때로 아주 밝은 혜성이 뜻
하지 않게 나타나기도 한다.
• 만약 여러분이 혜성을 발견한다면 여러분
이름으로 불릴 것이다.
• 신문이나 텔레비전에서 혜성 뉴스를 알아
보자. 그리고 혜성이 눈에 잘 띄도록 되도록
어두운 장소로 가자.
• 혜성이 떨어뜨린 유성이 대기와 충돌해
타오르는 것을 발견할 수 있다. 망원경 없이
맨 눈으로 보는 것이 가장 좋다.

태양 *Sun*

대부분의 별과 마찬가지로 태양은 수소를 연소시켜 빛을 낸다.
태양 중심의 수소가 바깥층의 거대한 압력을 받아 엄청난 고온,
고압 상태가 되면 수소 원자가 핵융합 반응을 일으켜 헬륨을 만든다.
그 결과 태양의 중심은 거대한 수소 폭탄이 되지만, 바깥층의
중력이 반응을 억제해 폭발하지 않는다. 태양의 핵에너지가
빛과 열이 되어 50억 년 동안 태양계에 내리쬐고
있으며, 거대한 중력은 행성들을 궤도에 붙잡아
놓는다.

1973년, 우주선 스카이랩이 촬영한 태양의 광구면

채층

광구

대류층

복사층

태양의 내부

중심핵의 온도 1,500만 도는 핵반응이 일어나는
온도이다. 에너지는 복사에 의해 바깥쪽으로 전해
진다. 대류층에 이르면 거대하게 소용돌이치고 있는
가스에 의해 상층부로 옮겨진다. 마침내 에너지는 빛과
열이 되어 광구라 불리는 표면에 나타난다. 이곳의 온도는
섭씨 6,000도이다. 광구 위에는 대기가 있고, 이것은 채층과
명왕성 저 너머에까지 뻗치는 코로나로 나뉜다.

핵

홍염
홍염은 태양 표면에서 수십만 km 높이까지
뻗어 있다. 흑점이 있는 곳에 자주 나타나고,
자장이 빨갛게 달구어진 가스를 거대한
아치형으로 뿜어낸다. 대부분의 홍염은
몇 개월씩 채층 밖으로 나와 있지만,
때때로 폭발해 우주로 날아가기도 한다.

흑점
주위보다 온도가 낮아서 검게 보이는
부분으로, 태양의 자장에 의해 생긴다.

태양풍은 헬리오스피어(거대한 자기권)
를 형성할 뿐만 아니라 전류도 일으킨다.
태양이 회전함에 따라 전류는 거대한 얇
은 판이 되어 흐르며 펄럭인다.

별과 별 사이의 가스

헬리오스피어의 가장자리 바깥쪽

명왕성

태양

전류판

별과 별 사이의 가스

우주 복사열

헬리오스피어를
채우고 있는 가스는
매우 뜨겁지만(10만℃), 아주 얇기
때문에 우주선을 증발시키는 일은 없다.

순간적인 분출(스피큘)
고도 10,000km까지 솟구치고는 몇 분 뒤에
사라진다. 강한 자장과 관계가 있다.

태양계를 감싸는 고치

코로나(태양대기의 가장 바깥층을 구성하는 부분)
에서 불기 시작하는 고속 가스는 양자나 전자 같은
전기를 띤 입자의 바람인 태양풍이 된다. 태양에서
최고 시속 3백만km로 불기 시작하는 이런 입자에서
자장과 전류가 생기고, 그것이 태양계의 우주 공간
에 퍼져 있다. 행성은 모두 이 태양권(헬리오스피어)
의 안쪽에서 태양을 돌고 있다. 헬리오스피어는 행성
들을 고치처럼 감싸며 항성 사이에 존재하는 우주선
으로부터 지켜 주고 있다.

한결같지 않은 자전
흑점의 위치가 변하는 것은 태양의
자전이 한결같지 않기 때문이다.
적도 부분에서는 극에서보다 빨리
회전한다.

흑점
광구(태양의 표면)의 특정 지점에서 강력한
자기장이 형성되면 에너지가 잘 전달되지 않는다.
그래서 자기장 주변은 온도가 떨어져 어둡게 보여
흑점이 된다. 흑점은 자력선의 고리 양 끝에
하나씩 한 쌍이 되어 나타난다. 흑점 중에는
목성만큼 커진 채 몇 개월씩 계속 존재하는
것도 있고, 겨우 수백 km의 크기로 하루나
이틀 후에 사라지는 것도 있다.

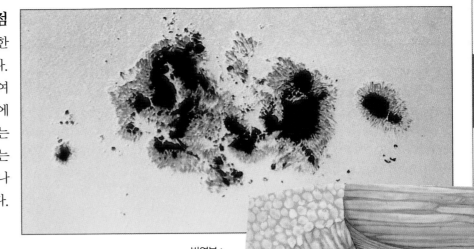

태양 활동의 주기
흑점의 수는 대략 11년을 주기로 변한다.
맨 처음 극 근처에 나타난 후 몇 년 동안
수가 증가하며 점차 적도에 가까워지고,
태양 활동이 가장 왕성한 시기에 이른다.
이런 주기는 태양의 자전이 한결같지 않아
자력선의 다발이 적도 쪽으로 밀려나
일어난다.

반영부 :
태양 흑점의 주변부

암영부 :
가장 검고 온도가
가장 낮은 부분

광구 :
대류에 의해 열이
표면으로 올라가는 곳

태양 활동 극소기		태양 활동 극대기		태양 활동 극소기	
1년째	3년째	6년째	9년째	12년째	14년째

태양 중심핵
태양은 1초마다 4백만 톤의 수소를 에너
지로 바꾼다. 에너지의 근원은 중심핵에서
일어나는 수소의 핵융합 반응이다. 양자
(수소 원자의 핵)가 다른 양자와 융합해
양자와 중성자(전기적으로 중성인 입자)
로 이루어지는 중수소를 만든다. 그리고 다시
양자가 충돌해 헬륨 3(양자 2개와 중성자 1개)을 만들고,
이것이 2개 융합해 헬륨 4(양자와 중성자 2개씩)가 생긴다.
(어떤 반응에서든 질량이 조금 감소한다) 이것이 태양 에너지가
되는 것이다. 이 에너지는 처음에는 감마선의 열풍이지만,
태양 표면에까지 전해지면 빛과 열이 되어 방출된다.

양전자
수소
중수소
양자
감마선
중성미자
헬륨 3
헬륨 4

2개의 양자가 융합해 중수소가 될 때 한쪽은 중성자가 되어
질량이 작은 두 개의 입자(플러스 전하를 지닌 양전자와
전기적으로 중성인 중성미자)를 방출한다.

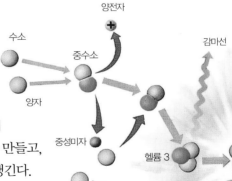

율리시스
태양의 적도 부근은 쉽게 관측할
수 있지만, 극지는 그렇지 않다.
그러나 1994년, 율리시스가 안전한
거리에서 태양의 극지를 탐험했다.

태양 자료	
나이	45억 년
지름	140만 km
지구로부터의 거리	1억 4960만 km
가장 가까운 항성까지의 거리	9.46×10^{12} km
적도에서의 자전 주기	지구의 25일
극에서의 자전 주기	지구의 35일
질량(지구=1)	330,000
밀도(물=1)	1.41
표면 온도	5,500℃
핵의 온도	15,000,000℃
광도	3.9×10^{16} 메가와트

관찰 일기
• 태양을 직접 바라보거나 망원경이나 쌍안
경으로 보면 안 된다. 열과 빛이 한 곳에 모
여 눈이 멀 수 있다.
• 태양의 상을 흰 종이 위에 투영하면 안전
하게 흑점을 볼 수 있다.
• 지면에 막대기를 세워 간단한 해시계를
만들고, 해돋이와 정오, 해넘이의 그림자를
표시해 보자.

가까운 별들 *Nearest Stars*

가장 가까운 항성인 프록시마 센타우리는 40조km 떨어진 곳에 있다. 별의 거리는 km로 표시하면 엄청나게 커지기 때문에 별빛이 지구에 닿는 데 걸리는 시간으로 나타낸다. 진공 상태인 우주에서 빛은 항상 우주에서 낼 수 있는 가장 빠른 속도인 초속 30만km로 난다. 태양에서 빛이 지구에 이르는 데 8.3분이 걸린다. 그래서 태양은 8.3광분 떨어져 있다고 한다. 명왕성은 약 5광시의 거리에 있고, 프록시마 센타우리까지는 4.2광년이다. 1광년은 9조 5천억km에 해당한다.

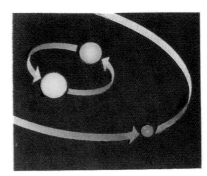

가장 가까운 별

프록시마 센타우리는 센타우루스자리의 삼중별인 알파 센타우리의 일부이다. 두 개의 별은 태양과 비슷하지만, 어둡고 붉은 프록시마는 망원경으로 밖에 보이지 않는다.

별의 밝기

기원전 2세기에 그리스의 천문학자 히파르쿠스가 항성의 겉보기 등급 (하늘에서 보이는 별의 밝기)을 재는 방법을 고안했다. 광도는 6등급으로 나뉘고, 각각의 등급은 다음 등급보다 2.5배 밝다. 그래서 1등성은 6등성보다 약 백 배 더 밝다. 현재도 같은 방법을 쓰고 있지만, 이것을 확대해 아주 밝은 별은 0이나 마이너스 등의 등급으로 표시한다.(가장 밝은 별 시리우스는 -1.5등급) 성능이 뛰어난 망원경으로 26등성(시리우스의 약 1조분의 1의 밝기)까지 발견할 수 있다. 그러나 별의 실제의 밝기, 즉 절대 광도를 재기 위해서는 어느 정도 떨어져 있는지 알아야 한다.

다른 곳에도 태양계가 있을까?

직녀성(베가)은 먼지 고리에 둘러싸여 있다. 이 먼지가 행성이 되는 재료인지도 모른다. 다른 항성에도 행성이 있을까? 항성은 크고 밝지만, 행성은 있다 해도 작고 어둡고 항성 가까이에 있어서 보이지 않을 것이다.

새로운 천체 찾기

항성의 주위에서 행성을 볼 수 없더라도 발견할 수 있는 방법이 있다. 가까운 별의 경로가 흔들리는지 보는 것이다. 만약 질량이 큰 행성이 항성의 둘레를 돌고 있다면 행성의 중력이 항성의 진로에 영향을 줄 것이다. 하지만 별의 움직임을 좇으며 결과를 알아 내려면 오랜 세월이 걸린다. 5.9광년 떨어진 바너드별에는 행성계가 있는 것 같다.

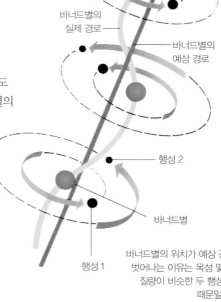

바너드별의 실제 경로

바너드별의 예상 경로

행성 2

바너드별

행성 1

바너드별의 위치가 예상 경로에서 벗어나는 이유는 목성 및 토성과 질량이 비슷한 두 행성의 중력 때문일 것이다.

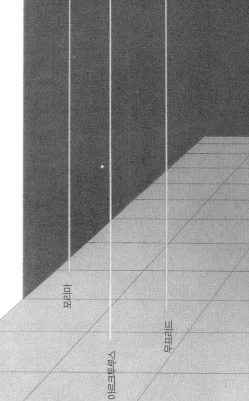

저 별까지는 얼마나 될까?

별까지의 거리를 알게 되면 그 별의 광도나 크기 등을 알 수 있다. 천문학자들은 여러 시도 끝에 시차를 이용하여(아래 설명) 거리를 재는 데 성공했다. 그러나 시차는 3백 광년 이상 떨어진 별의 경우에는 부정확하다. 더 먼 별에는 다른 방법을 써야 한다. 성단을 관측하여 그 움직임을 조사하거나, 같은 유형의 별보다 얼마나 더 희미한가를 측정하거나, 아주 밝은 별의 광도가 어떻게 변하는지 관찰하는 등의 방법이 있다.

항성 B

항성 A

우주 측량

그림처럼 1월과 7월에는 지구가 궤도상의 반대쪽에 있고, 지구에서 본 별의 위치는 좀더 멀리 떨어진 별들을 배경으로 이동하는 것처럼 보인다. 이 시차의 크기와 지구 궤도의 지름을 구하면 별까지의 거리를 계산할 수 있다. 별이 멀리 떨어져 있을수록 시차는 작아진다.

지구(1월)　　　태양　　　지구(7월)

태양계의 이웃

태양에서 40광년 이내에 있는 별 대부분은 작고 어두운 적색 왜성이다. 삼중성인 알파 센타우리, 천체 가운데서 가장 밝은 시리우스, 주홍색 아르크투루스, 하얗게 빛나는 직녀성, 노란 카펠라 등 보다 인상적인 것도 있다. 가까이 있는 별들은 우주 공간에 퍼져 있는 것처럼 보이지만, 우리의 나선 은하를 구성하는 몇 개의 팔 중 하나 속에 극히 일부분을 차지하고 있을 뿐이다.

가장 가까운 별 자료

별 이름	거리(광년)	실시 등급	광도(태양=1)	유형
태양	0	−26.8	1	황색 주계열성
프록시마 센타우리	4.2	11.0	0.00005	적색 왜성
알파 센타우리 A	4.3	0.0	1.3	황색 주계열성
알파 센타우리 B	4.3	1.4	0.36	등색 주계열성
바너드별	5.9	9.5	0.00044	적색 왜성
울프 359	7.6	13.5	0.00002	적색 왜성
랄랑드 21185	8.1	7.5	0.0052	적색 왜성
시리우스 A	8.6	−1.5	23	백색 주계열성
시리우스 B	8.6	8.7	0.002	백색 왜성
고래자리 UV별 A	8.9	12.4	0.00006	적색 왜성
고래자리 UV별 B	8.9	12.9	0.00004	적색 왜성
로스 154	9.5	10.6	0.0004	적색 왜성
로스 248	10.3	12.2	0.0001	적색 왜성
에리다누스 강자리 ε	10.7	3.7	0.3	등색 주계열성
L789−6 *	10.8	12.6	0.00009	적색 왜성
프로키온 A	11	0.4	7	황색 주계열성
프로키온 B	11	10.7	0.0005	백색 왜성
고래자리 τ	12	3.5	0.44	황색 주계열성
견우성(알타이르)	17	0.8	10	백색 주계열성
카시오페이아자리 η	19	3.4	1.2	황색 주계열성
물뱀자리 β	21	2.8	3	황색 준거성
포말하우트	22	1.2	13	백색 주계열성
오리온자리 π 3	25	3.2	3	황색 주계열성
직녀성(베가)	26	0.0	50	백색 주계열성
헤르쿨레스자리 μ	26	3.4	2	황색 준거성
헤르쿨레스자리 ζ	31	2.8	5	황색 준거성
무프리드	32	2.7	7	황색 준거성
남쪽 삼각형자리 β **	33	2.8	5	황색 주계열성
아르크투루스	36	0.0	100	등색 거성
폴룩스	36	1.1	30	등색 거성
포리마	36	2.7	8	황색 주계열성
물뱀자리 α **	36	2.9	8	백색 주계열성
카펠라	42	0.1	60	황색 거성
카스토르	46	1.6	30	백색 주계열성

*이 표에는 L789−6 뒤에 몇 십 개의 적색 왜성이 생략되어 있다.
**이 별들은 이 지도의 범위에서 약간 벗어나 있다.

개의 별과 강아지별

시리우스(개의 별)는 별 가운데서 가장 밝지만, 단지 아주 가까이 있기 때문이다.(8.6광년) 시리우스에는 '강아지별'이라는 작은 8등성의 동반성이 있다. 백색 왜성으로, 시리우스 같은 별의 죽어가는 잔존물이다.

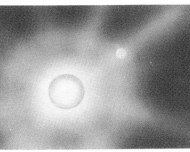

관찰 일기

• 가까운 별들을 관찰해보자. 직녀성(26광년)을 볼 때는 근처에 있는 데네브가 같은 밝기로 보이지만, 1800광년이나 떨어져 있다.

• 대구경 망원경(20cm 이상의 반사경이 달린 것)을 이용하면 시리우스의 희미한 동반성을 볼 수 있다.

• 시차를 이용하는 방법을 시험해 보자. 얼굴에서 15cm 정도 떨어진 곳에 손가락 하나를 세우고 먼저 한 눈으로 보고, 이어서 다른 한 눈으로 보았을 때 어느 정도 움직이는지 보자. 이번에는 팔을 뻗고 해 보자. 움직이는 거리가 훨씬 작아진다.

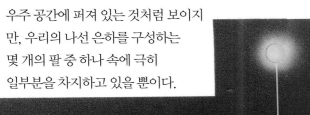

카스토르
폴룩스
랄랑드 21185
바너드별
울프 359
프로키온
카시오페이아
알파 센타우리
태양
카펠라
우리은하자리 β (베타)
에리다누스 강자리 ε (엡실론)
로스 248
고래자리 UV별
L789−6
고래자리 τ (타우)
카시오페이아자리 η (에타)
로스 154
직녀성
견우성
포말하우트
헤르쿨레스자리 μ
헤르쿨레스자리 ζ

북반구 하늘의 별 *Stars of Northern Skies*

세계 각지의 문화는 독자적인 별자리를 만들어 냈지만, 현재 알려진 별자리의 대부분은 2,500년 이상 전에 바빌로니아와 그리스에서 사용되었던 것이다. 별은 지구의 자전에 의해 뜨거나 지기 때문에 인류는 이런 별의 배치를 통해 시각을 알았고, 지구의 북극 방향에 있는 북극성을 기준으로 별을 관측하며 항해했다. 그리고 지구 공전에 따른 별자리 위치의 변화를 이용해 달력으로도 사용했다. 그러나 별자리는 실제로 별이 모여 있는 것도 아니고, 같은 별자리에 있는 별도 서로 관계가 없다. 단지, 지구에서 볼 때 일정한 모양으로 자리하고 있는 것처럼 보일 뿐이다.

별자리 지도의 사용 방법

이 지도는 북반구에서 별을 바라볼 때 사용한다. 책을 돌려 1월부터 12월까지 중에서 현재에 해당하는 달을 맨 밑에 오도록 한 뒤 밤에 남쪽을 바라보며 지도에 있는 별을 찾아보자. 지도의 중앙 아래쪽의 별들을 대부분 볼 수 있다.

오리온자리

유달리 밝게 빛나는 오리온은 그리스 신화에 등장하는 허풍스런 사냥꾼이다. 오리온의 허풍에 화가 난 신들이 전갈을 풀어 오리온은 이 전갈에 발목이 물려 죽었다. 뒤에 신들이 그를 애도해 하늘에서 영원히 살게 해줄 때는 전갈을 다시 만나지 않도록 하늘 정반대쪽에 놓았다. 오리온자리에는 새빨간 베텔게우스와 청백색의 리겔을 비롯해 밝은 별이 많다. 지금도 계속 별을 형성하고 있는 거대한 가스 구름 오리온성운도 있다.

별자리 관찰

북반구에서는 별을 관찰하기에 겨울이 가장 좋다. 눈부신 오리온자리가 높이 뜨기 때문에 다른 별자리를 찾는 길잡이로 이용할 수 있다.

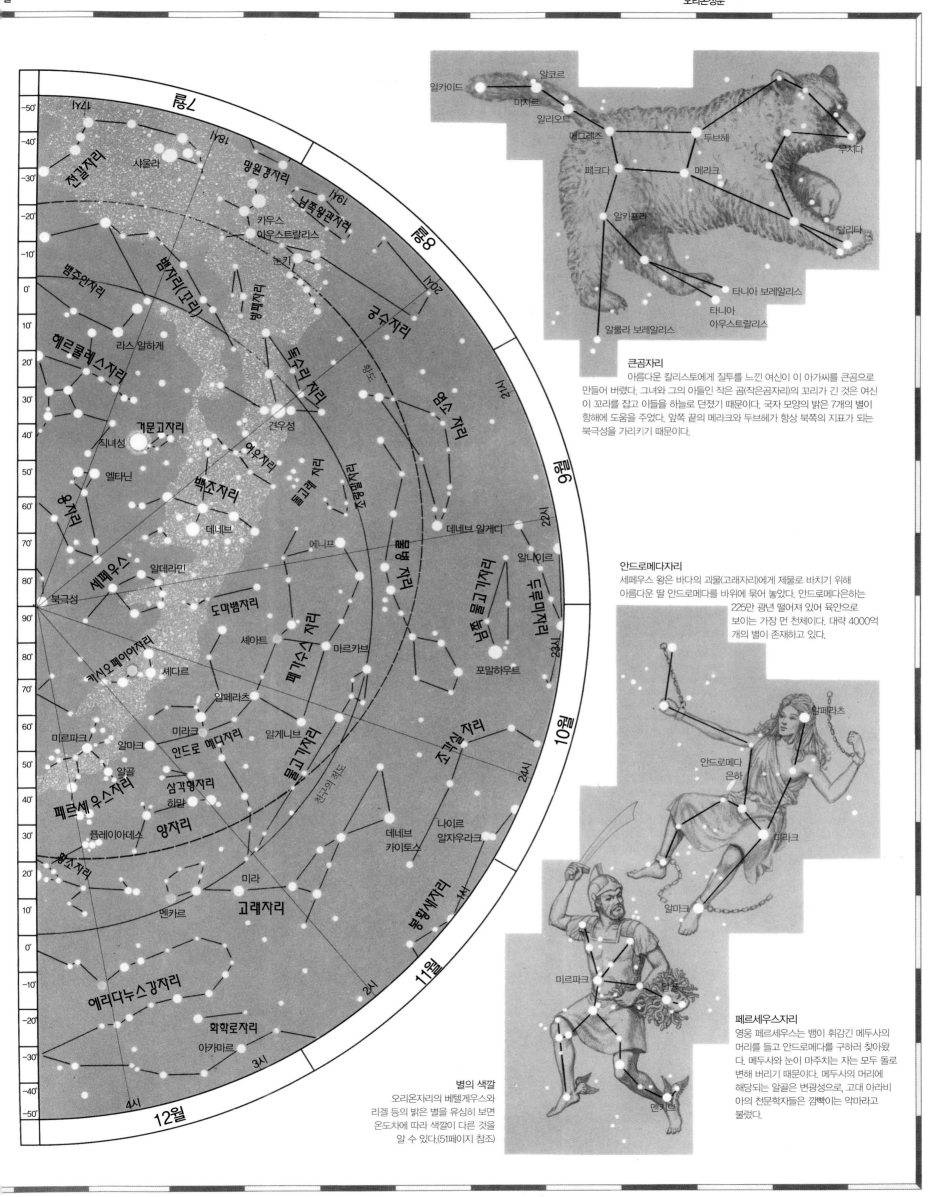

큰곰자리
아름다운 칼리스토에게 질투를 느낀 여신이 이 아가씨를 큰곰으로 만들어 버렸다. 그녀와 그의 아들인 작은 곰(작은곰자리)의 꼬리가 긴 것은 여신이 이 꼬리를 잡고 이들을 하늘로 던졌기 때문이다. 국자 모양의 밝은 7개의 별이 항해에 도움을 주었다. 앞쪽 끝의 메라크와 두브헤가 항상 북쪽의 지표가 되는 북극성을 가리키기 때문이다.

안드로메다자리
세페우스 왕은 바다의 괴물(고래자리)에게 제물로 바치기 위해 아름다운 딸 안드로메다를 바위에 묶어 놓았다. 안드로메다은하는 225만 광년 떨어져 있어 육안으로 보이는 가장 먼 천체이다. 대략 4000억 개의 별이 존재하고 있다.

페르세우스자리
영웅 페르세우스는 뱀이 휘감긴 메두사의 머리를 들고 안드로메다를 구하러 찾아왔다. 메두사와 눈이 마주치는 자는 모두 돌로 변해 버리기 때문이다. 메두사의 머리에 해당되는 알골은 변광성으로, 고대 아라비아의 천문학자들은 깜빡이는 악마라고 불렀다.

별의 색깔
오리온자리의 베텔게우스와 리겔 등의 밝은 별을 유심히 보면 온도차에 따라 색깔이 다른 것을 알 수 있다.(51페이지 참조)

남반구 하늘의 별 *Stars of Southern Skies*

17~18세기의 유럽 탐험가들이 북반구에서는 볼 수 없었던 남반구의
별자리에 화가, 공기펌프, 인디언 등 낯익은 이름을 붙였다.
남반구에서는 항해에 도움을 주는 북극성은 볼 수 없지만,
하늘은 더할 나위 없이 아름답다. 우리은하의 중심이 지구의
남쪽 방향에 있고, 밝은 별들이 모여 있는 곳을 남반구 쪽이
마주보기 때문이다. 가장 가까운 은하인 대소 마젤란
성운도 남반구 하늘에서 볼 수 있다.

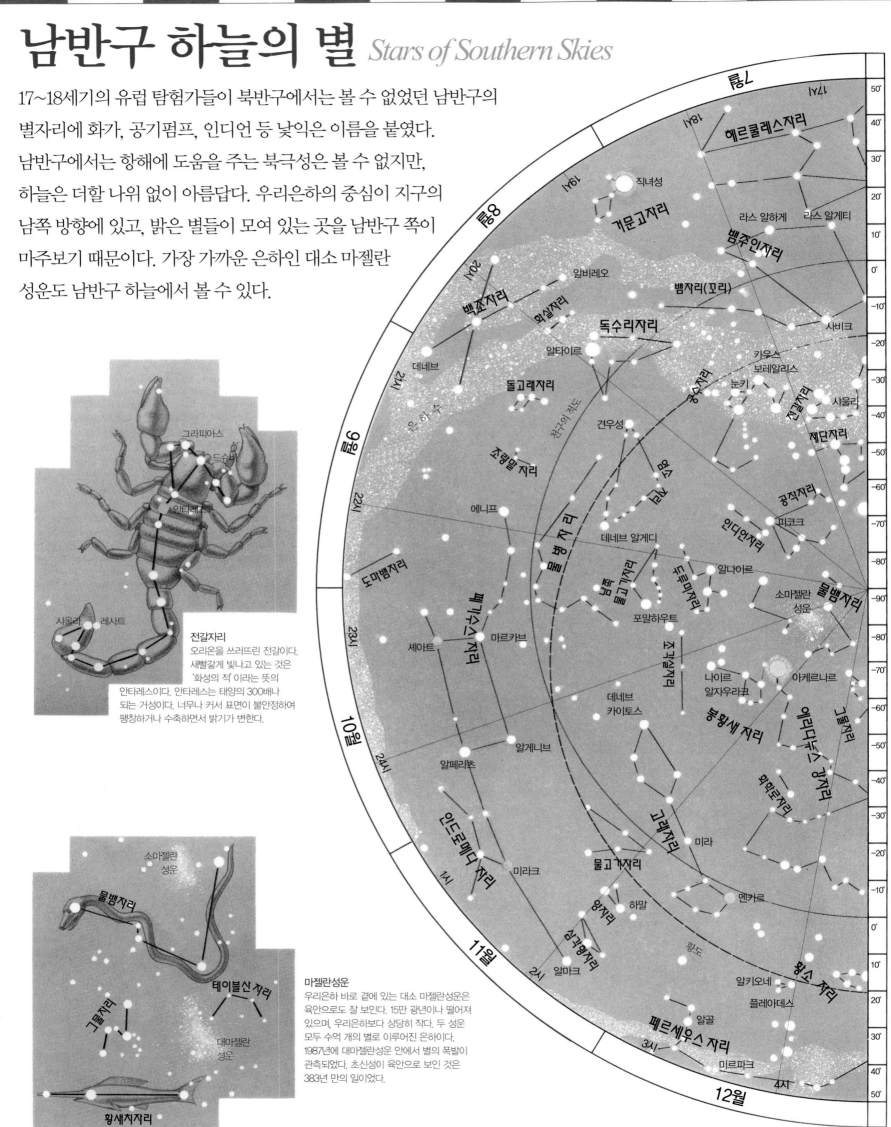

전갈자리
오리온을 쓰러뜨린 전갈이다.
새빨갛게 빛나고 있는 것은
'화성의 적'이라는 뜻의
안타레스이다. 안타레스는 태양의 300배나
되는 거성이다. 너무나 커서 표면이 불안정하여
팽창하거나 수축하면서 밝기가 변한다.

마젤란성운
우리은하 바로 곁에 있는 대소 마젤란성운은
육안으로도 잘 보인다. 15만 광년이나 떨어져
있으며, 우리은하보다 상당히 작다. 두 성운
모두 수억 개의 별로 이루어진 은하이다.
1987년에 대마젤란성운 안에서 별의 폭발이
관측되었다. 초신성이 육안으로 보인 것은
383년 만의 일이었다.

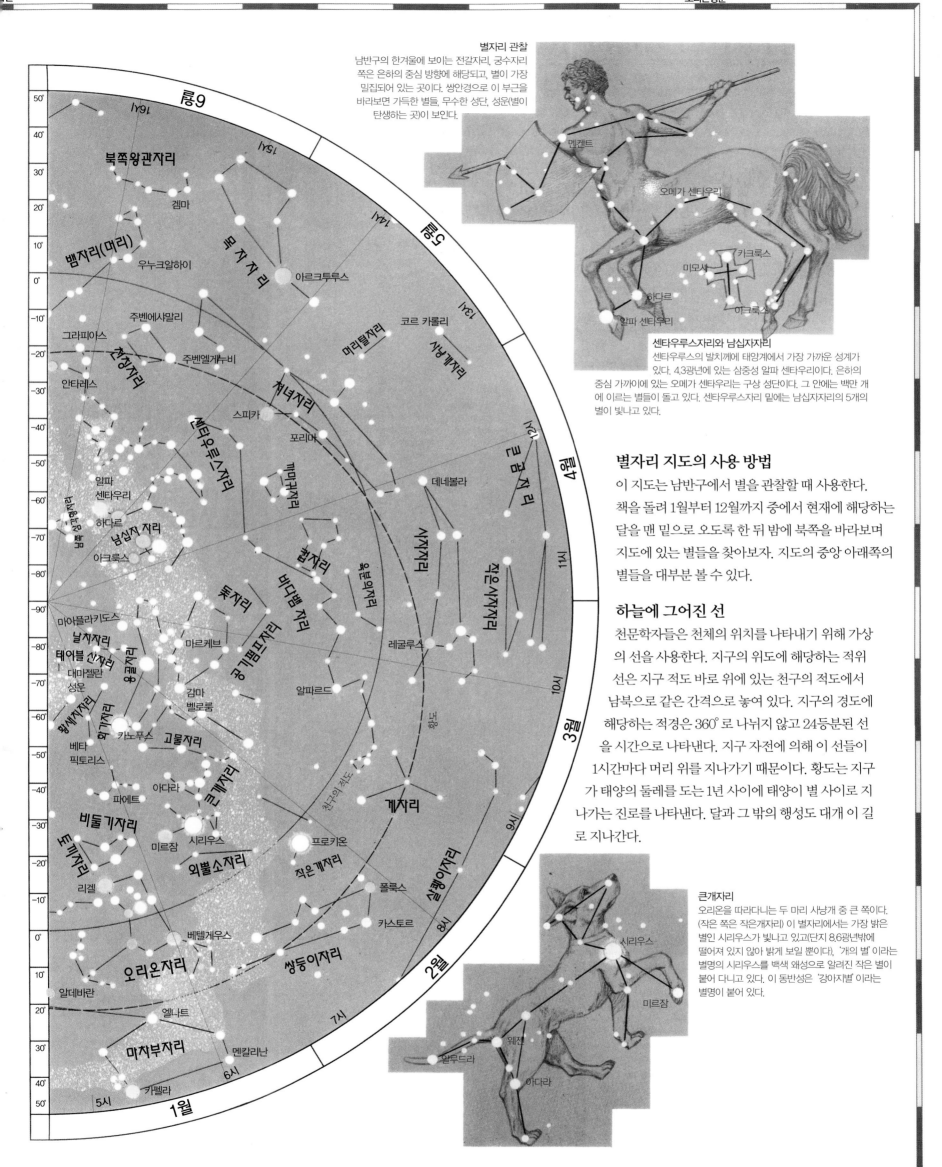

별자리 관찰
남반구의 한겨울에 보이는 전갈자리, 궁수자리 쪽은 은하의 중심 방향에 해당되고, 별이 가장 밀집되어 있는 곳이다. 쌍안경으로 이 부근을 바라보면 가득한 별들, 무수한 성단, 성운(별이 탄생하는 곳)이 보인다.

센타우루스자리와 남십자자리
센타우루스의 발치께에 태양계에서 가장 가까운 성계가 있다. 4.3광년에 있는 삼중성 알파 센타우리이다. 은하의 중심 가까이에 있는 오메가 센타우리는 구상 성단이다. 그 안에는 백만 개에 이르는 별들이 돌고 있다. 센타우루스자리 밑에는 남십자자리의 5개의 별이 빛나고 있다.

별자리 지도의 사용 방법

이 지도는 남반구에서 별을 관찰할 때 사용한다. 책을 돌려 1월부터 12월까지 중에서 현재에 해당하는 달을 맨 밑으로 오도록 한 뒤 밤에 북쪽을 바라보며 지도에 있는 별들을 찾아보자. 지도의 중앙 아래쪽의 별들을 대부분 볼 수 있다.

하늘에 그어진 선

천문학자들은 천체의 위치를 나타내기 위해 가상의 선을 사용한다. 지구의 위도에 해당하는 적위선은 지구 적도 바로 위에 있는 천구의 적도에서 남북으로 같은 간격으로 놓여 있다. 지구의 경도에 해당하는 적경은 360°로 나뉘지 않고 24등분된 선을 시간으로 나타낸다. 지구 자전에 의해 이 선들이 1시간마다 머리 위를 지나가기 때문이다. 황도는 지구가 태양의 둘레를 도는 1년 사이에 태양이 별 사이로 지나가는 진로를 나타낸다. 달과 그 밖의 행성도 대개 이 길로 지나간다.

큰개자리
오리온을 따라다니는 두 마리 사냥개 중 큰 쪽이다. (작은 쪽은 작은개자리) 이 별자리에서는 가장 밝은 별인 시리우스가 빛나고 있고(단지 8.6광년밖에 떨어져 있지 않아 밝게 보일 뿐이다), 개의 별'이라는 별명의 시리우스를 백색 왜성으로 알려진 작은 별이 붙어 다니고 있다. 이 동반성은 '강아지별'이라는 별명이 붙어 있다.

별의 생애 *Birth and Life of a Star*

별들의 수명은 대단히 길어서 노화에 따른 변화를 볼 기회가 없다.
그러나 우리은하에는 아주 많은 별이 있기 때문에 하나하나를 이어 붙여 별의
전 생애를 엿볼 수 있다. 아이부터 노인까지 많은 사람이 찍힌 한 장의 사진에서
사람이 어떻게 늙어 가는지 추측하는 것과 비슷하다. 별은 성운이라 불리는 먼지나
가스로 이루어진 어두운 구름 깊숙한 곳에서 태어난다. 이런 암흑 성운은 미세한
물질을 많이 내포해 빛을 투과시키지 않는다. 그래서 별이 생길 때 방출되는 열을
감지할 수 있는 적외선 탐지기를 사용해 별의 탄생의 비밀을 밝힌다.

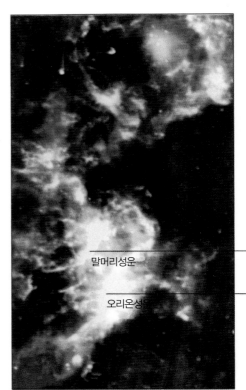

말머리성운

오리온성운

별을 형성하고 있는 오리온자리의 고온 가스.(위쪽) 특히
오리온성운이나 말머리성운의 암흑 성운 쪽이 열 때문에
밝게 보인다.

탄생 기념사진

신형 망원경을 통해 먼지와 가스로 된 암흑 성운이 밝게 빛나는 별로 변해 가는 움직임을 알 수 있게 되었다.

① 차례를 기다린다
말머리 모양의 말머리성운(왼쪽)은 별 사이로
툭 튀어나와 있는 거대한 암흑 성운이다. 밀도가
높은 성운(아래 왼쪽)이 붕괴하기 시작하면 중력에
의해 물질은 점차 성운의 중심으로 끌려간다.

② 보이지 않는 불꽃
이리하여 밀집된 부분은 몇 백 개의 덩어리로
나뉜다. 이것이 원시별이다. 원시별은 성운의
한가운데를 데우기 시작한다.

③ 홀로 서기
원시별은 계속 수축하고, 그에 따라 밀도가 높아진다.
주위를 둘러싼 한 떼의 먼지나 가스는 원시별의
자전에 의해 납작한 원반이 되어 간다.

우주진

우주 공간은 진공 상태이지만 적게나마 가스나
먼지 형태로 원자가 흩어져 있다. 수십억 년에
걸쳐 이런 원자가 모여 수백 광년에 이르는
거대한 암흑 성운이 형성된다. 성운은 어느
정도 일정한 질량에 이르면 인근의 신성 폭발로
부터 압력을 받아 붕괴하기 시작한다. 이윽고
중력이 생겨 주변의 가스나 먼지를 밀도가 높은
자전하는 구체로 끌어당기기 시작한다.

별의 탄생

붕괴하기 시작하면 성운은 밀도가 높은 수많은 가스
덩어리로 분리되고, 각각의 덩어리는 점차 수축된다.
그러면 덩어리 속의 가스의 온도가 점차 올라가고,
마침내 빛을 뿜기 시작한다. 이것이 원시별이다.
원시별은 참된 의미의 별이 아니다. 핵반응을 일으켜
에너지를 만들어 내야 비로소 진짜 별이 된다.
이렇게 해서 생긴 에너지가 한 떼의 어린 별들에서
자외선 형태로 넘쳐흘러 나간다. 이 자외선이 주위에
떠도는 찢겨 나간 성운을 비추어 오리온성운(왼쪽)
처럼 장관을 연출한다.

베텔게우스

민타카

오 리 온 자 리

민타카

말머리성운 오리온자리 에타별

오리온
성운

리겔

베텔게우스
오리온자리의 다른 별들보다 가까이 있는 베텔게우스는 태어난 지 1000만 년이 지나 수명이 다 된 적색 거성이다.

민타카
800만 년 전에 태어난 별이다. 삼중별로, 그 중에서 가장 밝은 별은 청백색 거성이다.

오리온자리 η (에타)별
이 삼중별 가운데서 가장 밝은 별은 나이가 200만 년인 주계열성으로, 질량은 태양의 20배이다. 청백색 별로, 태양보다 1500배나 밝게 빛난다.

리겔
청백색으로 빛나는 리겔은 태양의 5만 배나 밝다. 나이는 500만 년.

신생아실 같은 오리온자리

다른 별자리와는 달리 오리온자리의 별들은 같은 무리에 속한다. 베텔게우스를 제외하고는 모두 별을 만들고 있는 하나의 커다란 영역(젊은 별과 아직 붕괴하지 않은 암흑 물질이 섞여 있는 거대한 영역) 속에 있다. 별의 형성을 가장 잘 알 수 있는 것은 부채꼴 모양을 한 지름 15광년의 오리온성운이다. 이 성운 속의 별들은 태어난 지 겨우 50만 년 정도밖에 안 된다. 암흑 성운 깊숙한 곳에서는 지금도 별이 태어나고 있다. 시간이 지나면 말머리성운 안에서 형성되고 있는 별들로 인해 이 암흑 성운도 밝게 빛날 것이다. 그리고 오리온성운의 별들은 서서히 떨어져 나가 우주로 퍼져 갈 것이다.

젊은 별
태어난 지 수백만 년이 될 때까지는 젊은 별이다.

④ 빛나기 시작한다
젊은 별이 핵융합로에 점화하면 가스가 발생한다. 가스는 맹렬한 항성풍이 되고, 주위의 원반 때문에 두 방향으로 나뉘어 불기 시작한다.

⑤ 베일을 벗는다
항성풍의 힘에 의해 별을 둘러싸고 있던 먼지와 가스 구름 대부분이 불려 날아간다. 원반을 구성하는 물질이 수축하기 시작한다.

⑥ 가족이 생긴다
원반의 물질은 어떤 경우에는 수축하여 한 무리의 행성이 된다. 그렇지 않을 경우에는 항성풍에 불려 날아가 우주 공간으로 사라진다.

⑦ 인생을 시작한다
별은 안정된 빛을 내고, 주계열성의 일원이 되었다. 이 상태가 일생의 약 90%에 걸쳐 변함없이 지속된다.

짝지어 도는 별들

별의 60%는 이중별, 또는 그 이상의 별로 이루어져 있다. 민타카(오리온자리)는 삼중성이고, 카스토르(쌍둥이자리)는 육중성이다. 연성(쌍성)이라 불리는 이중별이 이토록 많은 이유는 빽빽이 모인 집단 형태로 형성된 별이 서로의 중력에 의해 쌍을 이루는 일이 많기 때문이다. 연성은 서로의 둘레를 돌고 있지만, 중심이나 공전 궤도는 그 연성계에 들어 있는 별들의 질량에 의해 결정된다.

1. 질량이 같은 경우 : 질량 중심은 한가운데에 있다.
2. 한쪽 별이 더 무거운 경우 : 질량 중심은 무거운 별 쪽에 가깝다.
3. 쌍쌍인 경우 : 각각의 별은 자신의 동반성의 둘레를 돌고, 두 쌍의 연성계는 공통의 질량 중심의 둘레를 돈다.

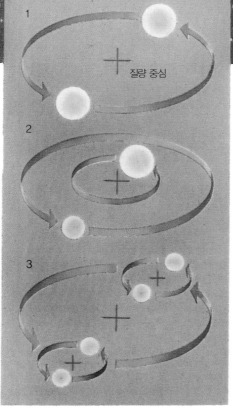

1

질량 중심

2

3

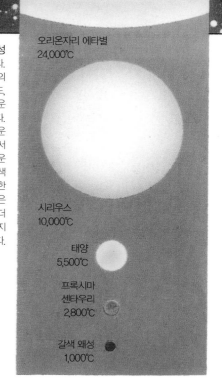

주계열성
형성된 별은 주계열성의 일원으로 자리잡는다. 주계열성의 중심핵에서는 수소에서 헬륨으로의 핵융합 반응이 일어나고 있다. 이런 별의 광도, 온도, 크기는 질량에 의해 결정된다. 무거운 별일수록 크고, 온도가 높으며, 밝게 빛난다. 태양은 전형적인 주계열성이다. 태양보다 무거운 별은 보다 크고 밝으며, 온도가 높고, 백색에서 청백색에 이르는 빛을 낸다. 태양보다 가벼운 별은 보다 작고 어두우며, 온도가 낮고 오렌지색 이지만 때로 붉은 것도 있다. 별의 수명 또한 질량에 의해 결정된다. 무거운 별은 태양 같은 별보다 일찍 수소를 써 버린다. 가벼운 별은 좀더 수명이 길다. 질량이 작아 핵반응을 일으키지 못하는 극히 차가운 별을 갈색 왜성이라 부른다.

오리온자리 에타별
24,000℃

시리우스
10,000℃

태양
5,500℃

프록시마 센타우리
2,800℃

갈색 왜성
1,000℃

별의 노화와 죽음 *Old Age & Death*

별의 노화와 죽음은 그 별의 질량에 달려 있다. 태양과 같거나 그보다 가벼운 항성의 수명은 수십억 년이다. 이런 별은 중심핵이 수소 가스를 다 써 버리면 팽창하기 시작해 적색 거성이 되고, 마침내는 표층이 우주 공간으로 떠내려가고 식은 중심핵만 남는다. 이것이 백색 왜성이다. 백색 왜성에는 에너지원이 남아 있지 않고, 지니고 있는 열도 점차 우주 공간으로 달아난다. 식어감에 따라 빛도 약해져 백색에서 황색, 오렌지색, 적색으로 어두워지고 마지막으로 차디찬 검은 암체가 되어 수명이 끝난다. 한편, 질량이 큰 별은 꾸물거리지 않고 팍 흩어진다. 수백만 년의 짧은 생애를 마친 뒤 폭발해 초신성이 되고, 내부의 물질은 우주 공간에 흩어진다. 놀랍게도 중심핵이 남는 것이 있고, 그것이 중성자별이나 블랙홀이 된다. 초신성의 재는 우주 공간에 퍼져 다음 세대 별의 재료가 된다.

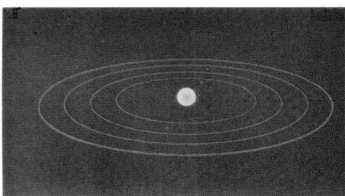

태양

46억 년 전에 태어난 태양은 지금 중년에 접어들고 있지만 백억 살 정도까지 큰 변화는 없을 것이다. 그 무렵에는 연료가 되는 수소도 다 떨어지고, 헬륨으로 이루어진 중심핵만 남을 것이다. 그리고 중심핵에서 에너지가 흘러나오지 않기 때문에 중력에 의해 핵이 찌부러져 열을 띠게 된다. 이 열이 태양의 표층을 넓혀 태양의 표면이 안쪽을 도는 두 개 행성의 궤도를 삼켜 버린다. 적색 거성이 되는 것이다.

⑧ 초읽기에 들어간 죽음
태양보다 10배 이상 무거운 별은 청백색으로 빛나면서 핵 연료인 수소를 단숨에 써 버린다. 수백만 년이 지나면 다 떨어져 버려 별은 팽창하기 시작한다.

⑨ 초읽기가 계속된다
별에는 중심핵을 수축시켜 헬륨 원자를 탄소로 융합시킬 수 있을 만큼의 중력이 있다. 한편, 확장된 바깥층은 식어서 붉은 빛을 낸다. 적색 거성의 단계이다.

⑩ 더 계속된다
무거운 별은 헬륨을 다 연소시켜 버리면 다시 중심핵을 수축시켜 탄소를 융합시킨다. 잇따라 무거운 원소를 만들어 내고, 마지막으로는 철로 이루어진 중심핵을 갖춘다.

고동치는 심장

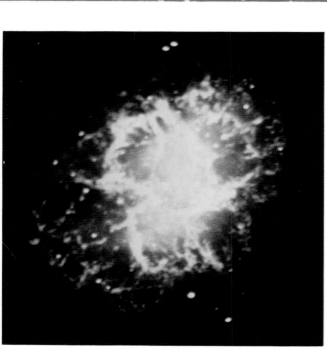

1054년, 중국의 천문가가 황소자리에서 별이 폭발하는 것을 관측했다. 현재 그 장소에는 별의 잔해가 퍼져 있다. 지름 15광년의 게성운이 그것이다. 게성운은 대부분의 초신성의 잔해에 비해 상당히 밝게 빛나고 있다. 펄서라고도 불리는 자전하는 중성자별 때문이다. 이 펄서는 지름이 겨우 25km에 불과하지만 태양보다 큰 질량을 지니고 있다. 그리고 1초에 30번씩 정확하게 고동치고 있다. 그러나 자전 속도가 점차 떨어져서 고동치는 속도도 느려지고 있다. 수백만 년 뒤에는 고동이 멈추어 평범한 중성자별이 될 것이다. 우리은하에서는 4백 개 이상의 펄서가 발견되었는데, 1초에 642회나 고동치는 것도 있다.

게성운은 지금도 계속 팽창하는 가스 구름이다. 태양보다 10만 배나 더 밝게 빛나고 있는데, 중심에 있는 펄서가 강한 전자의 흐름을 방출하고 있기 때문이다. 별의 시체로 이만큼 밝은 것은 별로 없다.

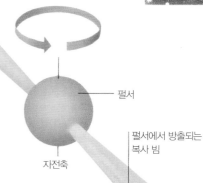

펄서는 등대의 램프와 비슷하다. 회전할 때마다 별의 표면, 혹은 표면에서 떨어진 곳에 있는 핫스풋(고온 물질이 상승하는 부분)에서 강력한 복사 빔을 방출한다.

펄서

자전축

펄서에서 방출되는 복사 빔

복사 빔이 지구 위를 지나갈 때마다 우리는 고동을 관측한다.

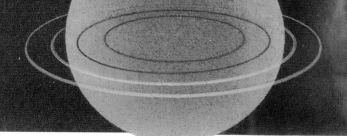

태양의 운명

태양은 현재보다 백 배 정도 더 부풀어 올라 수성, 금성, 지구까지 삼킬 것이다. 태양 정도의 무게를 지닌 항성은 헬륨 원자를 압축해 탄소로 융합시킬 수 있지만, 탄소를 더 무거운 원소로 바꿀 수 있을 만큼의 질량은 없다. 얇은 바깥층은 팽창하거나 수축하다가 수백만 년이 지나면 우주 공간으로 날아간다.

그 결과 별 주위에 행성상 성운이라는 연기 고리가 생기는데, 이것도 수천 년이 지나면 사라진다. 그리고 마지막으로 찌부러진 중심핵, 즉 서서히 식어 가는 백색 왜성만 남는다.

별의 시체

별의 시체는 세 가지 형태를 취한다. 대부분은 백색 왜성(행성만한 크기의 밀도가 높은 별)이 되지만, 질량이 큰 별은 무거운 중심핵을 남길 때가 있다. 그 중심핵은 중성자별(도시 하나만한 크기이지만 밀도가 매우 높아 바늘 끝 정도라도 몇 백만 톤이 되는 별)이 되고, 좀더 무거운 경우에는 압도적인 중력에 의해 블랙홀이 된다.

백색 왜성

중성자별

블랙홀

⑬ 그 후
초신성의 폭발 뒤에도 다 찌부러진 중심핵이 살아남는 일이 있다. 그것이 자전하는 중성자별, 즉 펄서가 되거나 블랙홀이 된다.

블랙홀

초신성이 남긴 시체가 태양 질량의 3배 이상이면 중력이 아주 강해져 그 물체는 한 점으로 수축되어 간다. 그 엄청난 인력을 피하기 위해서는 광속으로 움직여야 한다. 이런 물체를 블랙홀(검은 구멍)이라 한다. 이 물체가 검고(빛도 빠져 나올 수 없다), 구멍과 같기(그곳에 빠지면 나올 수 없다) 때문이다.

⑪ 여로의 끝
별이 철까지 융합시키려고 하면 엄청난 일이 벌어진다. 철의 융합은 에너지를 사용할 뿐이기 때문에 별은 그 에너지를 공급하기 위해 핵을 더욱더 수축시킨다.

⑫ 초신성
그러면 대폭발이 일어난다. 별은 산산조각이 나면서 현재 태양 밝기의 10억 배 정도로 빛난다. 어마어마한 폭발열 속에서 금이나 백금 같은 희귀 금속이 만들어진다.

백조자리 X-1

블랙홀은 눈에 보이지는 않지만 그 중력이 동반성의 물질을 잡아당기거나 하면 정체가 드러난다. 빨려 들어가는 물질은 소용돌이치며 뜨거워지면서 X선을 방출한다. 백조자리에 X-1이라 불리는 강력한 X선원을 천문학자들은 블랙홀로 보고 있다. 이 X선원은 청색 초거성과 태양의 10배의 질량을 지닌 블랙홀로 이루어져 있는 것으로 보인다.

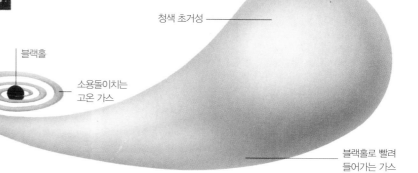

청색 초거성

블랙홀

소용돌이치는 고온 가스

블랙홀로 빨려 들어가는 가스

은하 도시 *Our Star City*

우리은하계에는 2천억 개 이상의 별들이 거대한 나선형으로 모여 있다. 그 지름이 10만 광년이다. 그 속에서 태양은 아주 작은 구성원에 지나지 않는다. 은하계 중앙부의 불룩한 중심에는 늙은 적색이나 황색 별들이 빽빽이 모여 있다. 나선형 팔에서는 별들이 탄생하고, 젊고 뜨겁고 푸른 별이 흩어져 있다. 그곳에 새 별의 재료가 되는 가스나 먼지가 풍부하기 때문이다. 은하계를 둘러싸는 헤일로에는 가장 오래 된 별들이 드문드문 있다. 천문학자들은 은하계의 중심부를 이렇게 자전시킬 수 있을 정도의 힘을 지닌 암흑 물질이 대량으로 존재할 것이라고 믿고 있다.

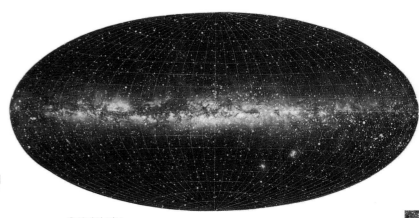

은하계의 지도
천문학자들이 밝은 별 7,000개를 그려 넣고, 거기에 사진에서 얻은 성운을 덧붙여 만든 것이다. 옆에서 보면 납작한 원반에 별이나 성운이 모여 있는 것을 알 수 있다. 원반을 따라 보이는 구멍들은 뒤쪽의 별빛을 가로막는 거대한 먼지 입자의 구름이다.

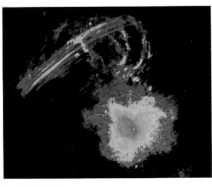

은하계의 중심
우리은하 중심부의 사방 150광년의 모습. 전파에 잡힌 이 상은 고온 가스의 호를 그리고 있다. 은하계 중심에 있는 무거운 블랙홀이 만들어 낸 에너지에 의한 것이라 짐작된다.

나선 구조

우리은하계는 전형적인 나선 은하이다. 옆에서 보면(아래) 불룩한 곳이 중심부이고, 얇고 납작한 원반부는 먼지와 가스로 가득 차 있다. 아래나 위에서 바라보면 원반부의 물질이 나선 구조임을 알 수 있다.(오른쪽) 나선형 팔에는 은하계의 먼지나 가스가 쌓여 있고, 젊은 별들이 모여 있다.

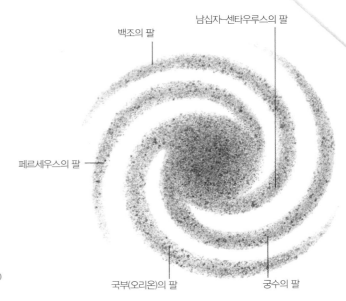

남십자-센타우루스의 팔
백조의 팔
페르세우스의 팔
국부(오리온)의 팔
궁수의 팔

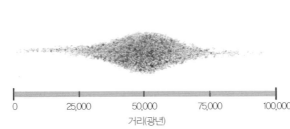

0	25,000	50,000	75,000	100,000

거리(광년)

관찰 일기

- 달이 뜨지 않는 밤에 은하수의 강줄기를 쫓아가 보자. 은하수의 뿌연 띠 속에 별들이 모여 있다.
- 은하의 중심을 살펴보자. 전갈자리와 궁수자리 부근의 은하수가 넓어 보이는 방향이 은하의 중심이다.
- 은하수의 검은 부분은 옛날에 천문학자들이 우주의 터널로 생각했던 거대한 먼지 구름이다. 북반구에서는 백조자리의 갈라진 틈, 남반구에서는 남십자자리의 석탄 자루가 보인다.

은하계의 변두리

수십억 년 전 은하계는 거대한 가스 구름 덩어리였지만, 자신의 중력에 의해 찌부러지고 자전에 의해 오늘날과 같은 모양이 되었다. 그러나 본래의 은하계 넓이를 나타내는 조수표(조수의 간만을 표시하는)가 헤일로로 남아 있다. 헤일로에는 은하에서 나이가 가장 많은 별들이 있는데, 150억 년 정도 되어 보이는 것도 있다. 이 중 많은 별은 구상 성단을 이루어 헤일로에는 백 개 이상의 구상 성단이 있다. 그 하나하나는 수십만~수백만 개의 별들이 서로의 중력으로 모여든 것이다.

오리온의 팔의 관광 명소

이름	거리(광년)	종류	특징
히아데스	150	성단	200개의 별. 나이 6억 3,000만 년
베텔게우스	310	적색 거성	태양 크기의 400배
루프 I	400	초신성	지름 700광년의 거대한 버블
남십자자리의 석탄 자루	550	암흑 성운	태양 질량의 40,000배
리겔	910	거성	청백색 : 표면 온도 20,000℃
아령 성운	1,000	행성상 성운	지름 2광년
카노푸스	1,200	거성	태양 밝기의 200,000배
오리온성운	1,600	발광 성운	갓 태어난 별 100개가 있다
말머리성운	1,600	암흑 성운	'코끝'에서 '갈기'까지 4광년
벨라성운	1,800	초신성	나이 11,000년, 펄서가 있다
마차부자리 ε 별	1,900	이중성	한쪽 별이 보이지 않는 거대한 원반에 숨어 있다
도마뱀자리의 OB1	1,900	성단	3,000만 년 전 이후에 태어난 별들
마차부자리 AE별	2,000	젊은 별	오리온성운에서 이탈된 것
전갈자리 X-1	2,100	이중성	강력한 X선원
백조자리의 갈라진 틈	2,400	암흑 성운	길이 1,500광년
원뿔 성운	2,400	발광 성운	어두운 원뿔이 있는 타오르는 가스 안에 새로 태어난 별들이 있다
외뿔소자리 R2	2,600	암흑 성운	
기린자리 OB1	3,000	성단	나이는 1,000만 년 미만

우리가 사는 나선 팔

태양은 오리온의 팔 속 두 개의 커다란 나선 팔 사이의 다리 위에 있다. 지도는 오리온의 팔의 일부(약 4,000×5,000광년의 범위)이다. 이곳은 별의 형성이 대단히 활발한 영역으로 거대한 먼지 구름(백조자리의 갈라진 틈이나 남십자자리의 석탄 자루)이나 성운, 젊은 별들이 모여 있다. 파란 거품은 초신성으로 폭발한 별의 잔해이다.

항성이 태어나는 곳

뱀주인자리 로(ρ) 성운에 꽉 들어찬 젊은 별들이 방출하는 강렬한 자외선 때문에 가스가 심홍색으로 빛나고 있다. 파랗게 보이는 것은 먼지에 의해 산란된 별빛이다.

[지도 내 명칭]
전갈자리 X-1
NGC6302
먼지 구름
뱀주인자리 ρ (로)성운
백조자리의 갈라진 틈
아령성운
안타레스
루프 I
하다르
데네브
북아메리카 성운
루프Ⅲ
나선상 성운
태양
남십자자리의 석탄 자루
검성운
도마뱀자리 OB1
히아데스 성단
아크룩스
카노푸스
벨라성운과 펄서
북극성
베텔게우스
루프Ⅱ
플레이아데스 성단
프레세페
붉은 직사각형
토비 저그성운
먼지 구름
황소자리 암흑 성운
리겔
바너드 루프
오리온성운
말머리성운
먼지 구름
마차부자리 ε (엡실론)별
마차부자리 AE별
기린자리 OB1
원뿔성운
외뿔소자리 R2

여로의 끝

거대한 붉은 바깥층을 토해 낸 나선상 성운. 중심에 다 타 버린 고온 핵이 있었던 것을 알 수 있다. 중심핵은 이제는 수축되어 백색 왜성이 되었다.

우주의 동반자

6,000만 년 전에 태어난 플레이아데스성단은 지금도 여전히 무리를 짓고 있다. 육안으로도 7개의 별을 분간할 수 있지만, 이 성단에는 250개 이상의 별이 모여 있다.

국부 은하군
The Local Group

은하가 모인 것을 은하단이라 한다. 처녀자리 은하단이나 머리털자리 은하단에서는 수천 개의 은하 무리가 지름 2천만 광년의 공간을 차지하고 있다. 반면에 우리 은하가 속해 있는 국부 은하군은 지름 5백만 광년 정도의 영역에 30개 남짓의 은하가 흩어져 있을 뿐이다. 이 은하군의 주된 구성원은 우리은하 외에 안드로메다 은하와 삼각형자리은하 M33이다. 그리고 다시 은하단끼리 모인 것을 초은하단(우주에서 가장 큰 구조)이라 한다. 초은하단은 그 규모가 수억 광년에 이르는데, 우리의 국부 은하군은 처녀자리 은하단을 중심으로 하는 국부 초은하단의 일원이다.

불규칙 은하
불규칙 은하는 대단히 작아서 소마젤란성운도 은하계의 40분의 1의 질량밖에 안 된다. 그러나 불규칙 은하는 가스가 풍부하여 지금도 활발하게 새로운 별을 만들어 내고 있다. 소마젤란성운은 은하계의 위성이라 해도 좋을 만큼 아주 가까이 있어 남반구에서는 육안으로도 잘 보인다.

타원 은하
우리의 국부 은하군에 속하는 타원 은하는 작고 어둡다. 그에 비하면 처녀자리 은하단에 속하는 M87은 1조 개 이상의 비교적 나이가 많은 붉은 별과 약간의 새로운 별이 거대한 공 모양을 이루고 있다. 타원 은하가 다 그렇듯 이 별들도 아주 오래 전에 함께 태어났다.

막대 나선 은하
화학로은하단의 NGC1365는 중심부의 볼록한 곳이 없고, 오래 된 별들이 짧은 막대 모양을 이룬다. 그 양 끝에 팔이 나와 있다. 막대 부분이 몇 백만 개에 이르는 별로 이루어져 있는데도 마치 강체(외부의 힘에 의한 변형이 아주 적은 물체)처럼 회전하는 이유는 지금도 의문이다. 어쩌면 우리은하도 막대 나선 은하인데 옆에서 보고 있어 모르는 것일 수 있다.

국부 은하군 자료

은하 이름	거리(광년)	지름(광년)	광도(태양의 1만 배=1)	형태
은하계	0	100,000	1,500,000	나선
대마젤란성운(LMC)	170,000	30,000	200,000	불규칙
소마젤란성운(SMC)	190,000	20,000	50,000	불규칙
용자리의 은하	300,000	3,000	10	타원
용골자리의 은하	300,000	3,000	1	타원
조각실자리의 은하	300,000	6,000	100	타원
육분의자리의 은하	300,000	3,000	1	타원
작은곰자리의 은하	300,000	2,000	10	타원
화학로자리의 은하	500,000	6,000	1,200	타원
사자자리 I	600,000	2,000	60	타원
사자자리 II	600,000	2,000	40	타원
NGC6822	1,800,000	15,000	9,000	불규칙
IC5152	2,000,000	3,000	6,000	불규칙
WLM은하	2,000,000	6,000	9,000	불규칙
안드로메다은하	2,200,000	150,000	4,000,000	나선
안드로메다자리 I	2,200,000	5,000	100	타원
안드로메다자리 II	2,200,000	5,000	100	타원
안드로메다자리 III	2,200,000	5,000	100	타원
M32	2,200,000	5,000	13,000	타원
NGC147	2,200,000	8,000	5,000	타원
NGC185	2,200,000	6,000	6,000	타원
NGC205	2,200,000	11,000	16,000	타원
M33(삼각형자리의 은하)	2,400,000	40,000	500,000	나선
IC1613	2,500,000	10,000	5,000	불규칙
DDO210	3,000,000	5,000	200	불규칙
물고기자리의 은하	3,000,000	2,000	60	불규칙
GR8	4,000,000	1,500	200	불규칙
IC10	4,000,000	6,000	25,000	불규칙
궁수자리의 은하	4,000,000	4,000	100	불규칙
페가수스자리의 은하	5,000,000	7,000	2,000	불규칙
사자자리 A	5,000,000	7,000	2,000	불규칙

사자자리 A

GR8

지역의 모습

국부 은하군에는 3개의 나선 은하, 13개의 불규칙 은하, 15개의 타원 은하가 있을 것으로 짐작된다. 이 은하들은 안드로메다 은하를 중심으로 하는 무리와 우리은하를 중심으로 하는 무리로 나뉜다. 이 두 개의 중심 은하는 무리 중에서 특히 크고 강한 중력을 지니고 있다. 안드로메다 무리에는 중간 크기의 나선 은하인 M33과 안드로메다은하를 따라다니는 타원 은하 NGC205, M32가 속한다. 우리은하의 둘레는 대소 마젤란 성운과 몇 개의 왜소한 타원 은하가 둘러싸고 있다. 그 밖의 IC10이나 사자리 A 등의 왜소한 불규칙 은하는 더 넓게 흩어져 있다. 국부 은하군 가운데 가장 많은 유형은 수백만 개의 별밖에 없고 어두워 눈에 띄지 않는 왜소 은하이다.

회전하는 도시

나선 은하는 그 모양만 봐도 자전하고 있음을 알 수 있다. 은하가 팔을 끌면서 회전하고 있는데, 문제가 그렇게 간단치 않다. 은하는 강체가 아니기 때문에 별들이 각각 다른 속도로 움직이고 있다. 완전한 중심부를 제외하고 안쪽 별은 바깥쪽 별보다 빨리 회전하고 있다. 그렇다면 왜 팔이 말려 들어가지 않을까? 나선 팔은 별이 서로 뒤엉켜 있는 곳이며, 따라서 팔을 구성하는 개개의 별은 변해 가도 팔은 같은 형태를 계속 유지하기 때문일 것이다.

회전 속도

안드로메다은하
225만 광년 떨어져 있는 안드로메다은하는 육안으로 보이는 것 중 가장 먼 천체이다. 우리의 국부 은하군 가운데서 가장 큰 은하로 4000억 개의 별로 이루어져 있으며, 알려진 것 중 가장 큰 나선 은하이기도 하다. 옆면만 보여 구조를 알기 어렵지만 우리은하와 상당히 비슷할 것으로 생각된다.

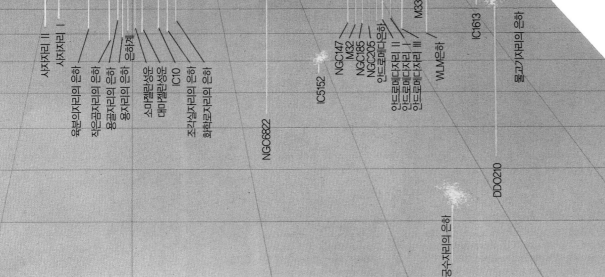

사자리 II
사자리
육분의자리의 은하
작은곰자리의 은하
용자리의 은하
용자리의 은하
은하계
소마젤란성운
대마젤란성운
IC10
조각실자리의 은하
화학로자리의 은하
NGC6822
IC5152
NGC147
M32
NGC185
NGC205
안드로메다은하
안드로메다자리 II
안드로메다자리 I
안드로메다자리 III
M33
WLM은하
IC1613
물고기자리의 은하
DDO210
궁수자리의 은하

관찰 일기

• 북반구 : 가을밤에 안드로메다은하를 찾아 보자.(별자리 지도 참조) 쌍안경으로도 얼마나 큰지 알 수 있다.
• 남반구 : 봄날 밤에 대소 마젤란성운을 찾 아보자.(별자리 지도 참조)
• 궁수자리가 잘 보이는 지역에 살고 있다면 우리은하를 살펴보자. 은하수가 넓어지는 곳 을 찾으면 은하수의 중심 방향을 보고 있는 것이다. 그리고 나선 은하를 그 가장자리에서 옆으로 보고 있는 것을 알 수 있다.

은하계
센타우리자리 A
페르세우스자리 A
은하의 벽(그레이트 월)
은하의 벽
바다뱀자리 A
사자자리 A
M87
보이드(공간)
백조자리 A

폭발 은하 *Exploding Galaxies*

은하 중에는 극도의 혼란 상태에 있는 것들이 있다. 중심부가 격렬한 움직임을 보이는 은하도 있고, 빛을 내는 동시에 그만큼의 에너지를 전파 형태로 내보내는 은하도 있다. 이런 전파 은하의 둘레에서는 은하의 중심에서 뿜어 나오는 하전(전기를 띤) 입자의 흐름, 혹은 제트에서 방출된 물질이 거대한 구름을 형성한다. 중심부가 유난히 밝은 세이퍼트 은하도 있고, 폭발적으로 한꺼번에 별들을 탄생시킨 것처럼 보이는 스타버스트 은하도 있다. 가장 신비로운 은하는 퀘이사이다. 가장 가까운 퀘이사 3C 273조차 2억 광년 떨어져 있고, 130억 광년 거리에 있는 퀘이사는 우주에서 가장 먼 천체이다. 이렇게 멀리 있으면서도 보이려면 일반 은하보다 수백 배 더 밝아야 한다.

오랫동안 활동 은하로 여겨졌던 M82는 실은 중심부에서 별이 왕성하게 태어나고 있는 나선 은하이다. 중심에서 방출되는 붉은 것은 가스의 흐름이고, 그것이 중심을 향해 빠져 들어가는 젊고 활동적인 별로 인해 빛나고 있다.

중심부의 활동

폭발 은하에는 활동 은하와 스타버스트 은하가 있고, 활동 은하에는 전파 은하, 세이퍼트 은하, 퀘이사가 있다. 활동 은하는 중심부의 극히 좁은 영역만 혼란 상태에 있으며, 에너지 또한 중심부에 극단적으로 집중되어 있다. 은하계의 몇 배나 되는 에너지가 태양계 정도의 크기의 범위에 쑤셔 넣어진 것이다. 천문학자들은 활동 은하의 중심에 거대한 블랙홀이 있고, 빨려 들어가는 맹렬한 가스의 소용돌이(고착 원반)가 그 주위를 둘러싸고 있다고 추측한다. 이 소용돌이치는 가스의 활동이 강력한 발전기처럼 활동 은하에 에너지를 공급하고 있다. 스타버스트 은하는 활동 은하만큼 파괴적이지는 않다. 가까이 있는 은하나 은하 사이를 떠도는 가스 구름에서 재료를 공급받아 폭발적으로 별을 형성했기 때문에 혼란이 일어날 뿐이다.

응집 원반
활동 은하의 빛의 원천은 중심의 블랙홀로 빨려 들어가는 물질이 형성하는 응집 원반이다. 온도가 매우 높기 때문에 번쩍번쩍 빛난다.

별의 학살
블랙홀 가까이에 있는 별들은 그 중력에 의해 산산조각 난다. 가스는 응집 원반의 일부가 되고, 마지막으로는 블랙홀 속으로 빨려 들어간다.

전파천문학의 공로

폭발 은하의 발견은 1940년대에 발전한 전파 천문학(천체가 방출하는 자연적인 전파를 탐색) 덕분이다.(전파는 빛과 마찬가지로 대기를 통과해 지표에 이르지만 X선, 자외선, 적외선 등의 전자파는 지구의 대기에 가로막히기 때문에 이런 파장들을 연구하기 위해서는 위성이 진보하길 기다려야 했다.) 전파원이 발견되면 그곳의 별자리 이름을 붙일 때가 많다. 페르세우스자리 A, 백조자리 A, 헤르쿨레스자리 A 같은 천체는 거대한 타원 은하이면서 전파 은하이다. 이 밖에 또 전파 망원경을 통해 펄서와 빅뱅의 흔적에서 방출되는 것이 발견되었다.

미국 뉴멕시코 주의 VLA(대형 간섭계형 전파 망원경)의 일부. 전파는 빛보다 파장이 길어 전파 망원경은 광학 망원경보다 면적이 더 넓어야 한다. VLA에서는 27개의 포물형 안테나가 길이 27km의 안테나로서 작동한다.

발전소

응집 원반의 가스 소용돌이는 대량의 에너지를 발생시키며 발전소로 작용한다. 블랙홀의 중력에 의해 인근 별에서 끌려온 가스는 원반 속에서 소용돌이치면서 블랙홀로 빨려 들어간다. 이때 마찰로 급격히 뜨거워져 빛과 함께 다른 파장의 복사가 방출된다. 블랙홀의 가장자리까지 오면 가스의 운동 속도가 광속에 가까워져 타는 듯한 X선을 방출한다. 원반의 안쪽 면에서는 전자나 양자 등의 하전 입자의 빔이 방출되는데, 이 입자가 이런 은하 혹은 퀘이사의 양쪽에 거대한 구름을 형성하고 전파원이 된다.

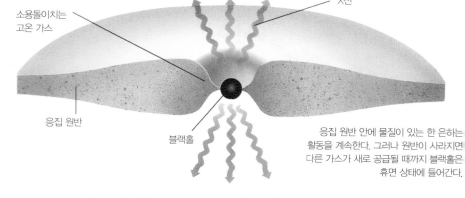

소용돌이치는 고온 가스

X선

응집 원반

블랙홀

응집 원반 안에 물질이 있는 한 은하는 활동을 계속한다. 그러나 원반이 사라지면 다른 가스가 새로 공급될 때까지 블랙홀은 휴면 상태에 들어간다.

광학 사진 : 최초로 발견된 전파 은하 센타우루스자리 A는 1,600만 광년 거리에 있다. 중앙부를 검은 먼지 띠가 가로지르는 거대한 타원 은하이다. 광학 망원경으로는 띠 속을 볼 수 없다.

전파 사진 : 전파 망원경은 먼지를 투시해 센타우루스자리 A의 중심핵에서 강한 제트가 뿜어 나오고 있는 것을 밝혀냈다. 초속 약 3만km의 제트로 인해 이 은하의 둘레에는 전파를 방출하는 하전 입자로 이루어진 거대한 구름이 형성되어 있다. 센타우루스자리 A가 경험한 혼란기는 한 번이 아니다. 커다란 2개의 구름은 수백만 년 전의 것이고, 안쪽의 한 쌍은 현재 형성 중이다. 그 사이에는 가스를 다 써서 블랙홀이 휴면 상태에 있었을 것이다

괴물의 먹이
찬 가스 구름은 장차 블랙홀에 빨려 들어갈 재료의 저장소이다. 이런 먹이가 다 떨어지면 블랙홀은 활동을 중지한다.

우주의 괴물
블랙홀이 새로운 가스를 삼키고 있는 한 질량이 계속 증가해 그 체중이 태양의 몇 십억 배나 된다.

슈퍼제트
양자나 전자 등의 하전 입자의 빔이 응집 원반의 안쪽에서 방출된다. 이 빔은 광속의 10분의 1의 속도로 우주 공간을 가르며 주변 영역의 물질을 씻어 낸다.

블랙홀

블랙홀은 중력이 아주 강해서 빛조차 그곳에서 빠져 나갈 수 없는 공간 영역이다. 초신성 폭발 때 생긴 블랙홀(53쪽)에 비해 활동 은하의 중심에 있는 블랙홀은 무겁다. 질량은 항성 몇 십억 개분에 해당한다. 아마도 갓 태어난 젊은 은하의 혼잡한 중심부에서 몇 백만 개의 별(혹은 별의 잔해)이 합쳐져 이루어졌을 것이다. 블랙홀은 모든 것을 삼켜 버린다고 알고 있지만, 실은 중력이 미치는 것은 아주 가까운 것에 대해서뿐이다. 다만 그 중력이 너무나 강해 공간이라는 직물을 잡아 찢어 버릴 정도이다. 그곳에 빠져든 것은 무엇이든 이 우주에서 영원히 사라져 버린다.

중력이란 고무막 위에 무거운 물체를 올려놓는 것과 비슷하다. 물체가 놓여 생긴 우물은 그곳에 굴러 떨어지는 다른 물질들을 끌어당긴다. 이때 공간은 다른 질량을 지닌 많은 물질에 의해 변형된 고무막에 해당된다.

아주 작으면서도 무거운 것이 놓이면 고무막이 늘어나면서 한없이 깊은 우물이 생기는데, 우주 공간도 이처럼 변형된다. 이것이 블랙홀이다.

59

대우주 *The Universe*

우주론은 20세기의 과학이다. 최근에야 정교한 망원경이나 인공위성, 안테나를 이용해 우주의 역사와 지리를 연구할 수 있게 되었다. 우주는 억 단위의 은하로 이루어져 있다.(추정에 따르면 우주에는 천억 개의 은하가 있고, 각각의 은하에는 천억 개의 항성이 있다) 은하는 은하단의 집단, 즉 초은하단으로 조직되어 있으며, 초은하단 사이에는 거대한 공간이 있다. 이런 우주의 지리에서 그 역사를 짐작할 수 있다. 멀리 떨어진 은하를 보면 그것이 멀어져 가는 것을 알 수 있다. 우주는 팽창하고 있는 것이다. 이 역사를 되감으면 은하가 모이는 것이 보이고, 우주가 시작되는 순간이 발견될 것이다. 그렇다면 우주는 종말의 순간을 맞이할까?

우주 배경 방사 조사 위성(COBE)
COBE에 의해 우주가 탄생할 때 생성된 복사가 탐지되었다. 태어날 때의 복사 온도는 1조 도였을 텐데, COBE의 관측기에 의해 우주의 팽창으로 지금은 −270.37℃까지 냉각되어 있는 것이 밝혀졌다.

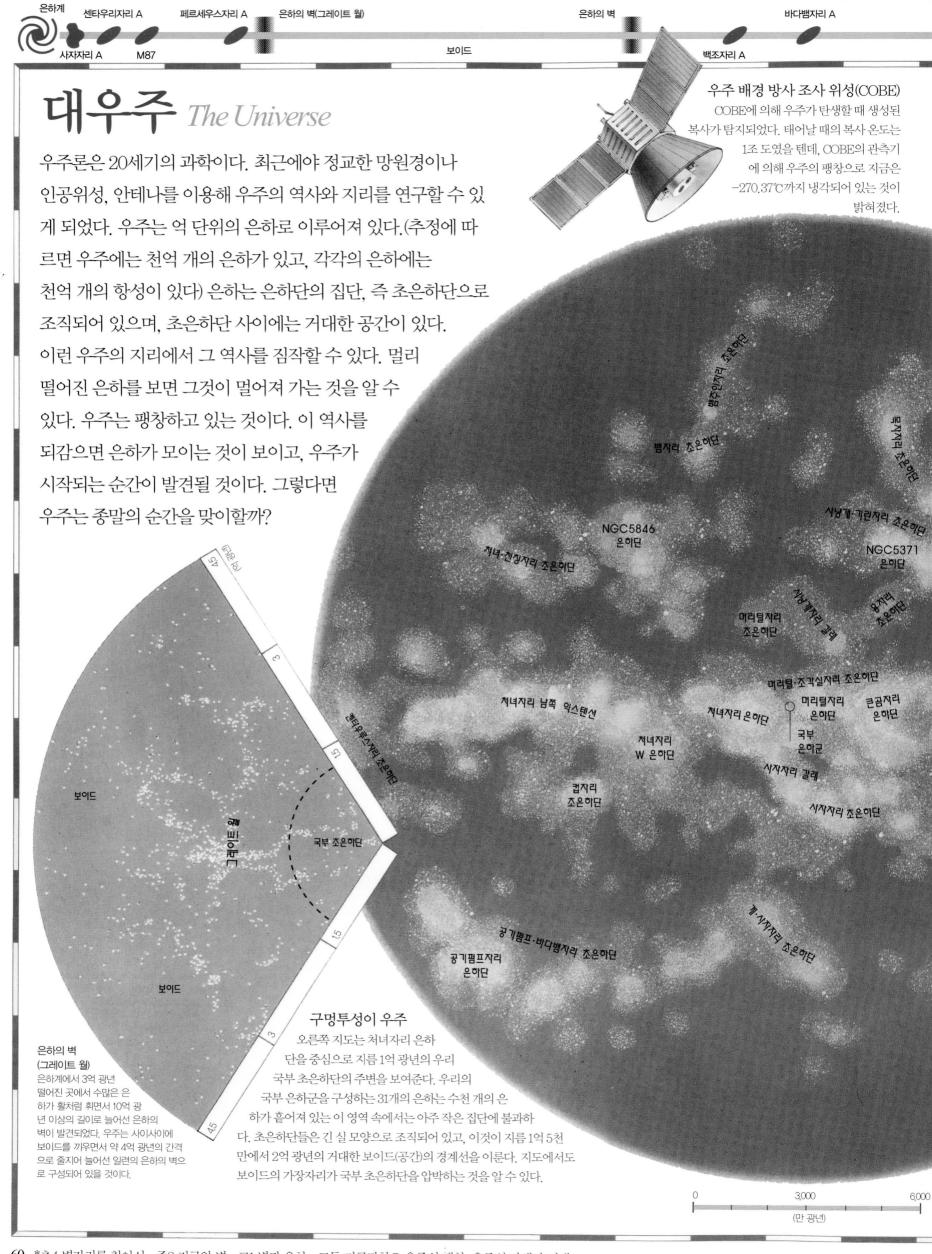

은하의 벽 (그레이트 월)
은하계에서 3억 광년 떨어진 곳에서 수많은 은하가 활처럼 휘면서 10억 광년 이상의 길이로 늘어선 은하의 벽이 발견되었다. 우주는 사이사이에 보이드를 끼우면서 약 4억 광년의 간격으로 줄지어 늘어선 일련의 은하의 벽으로 구성되어 있을 것이다.

구멍투성이 우주
오른쪽 지도는 처녀자리 은하단을 중심으로 지름 1억 광년의 우리 국부 초은하단의 주변을 보여준다. 우리의 국부 은하군을 구성하는 31개의 은하는 수천 개의 은하가 흩어져 있는 이 영역 속에서는 아주 작은 집단에 불과하다. 초은하단들은 긴 실 모양으로 조직되어 있고, 이것이 지름 1억 5천만에서 2억 광년의 거대한 보이드(공간)의 경계선을 이룬다. 지도에서도 보이드의 가장자리가 국부 초은하단을 압박하는 것을 알 수 있다.

0   3,000   6,000
(만 광년)

대폭발(빅뱅)

150억에서 200억 년 전에는 모든 은하가 한 곳에 모여 있었다. 대폭발 속에서 우주가 탄생하는 순간이었다. 갓 태어난 우주는 상상할 수 없을 만큼 온도와 밀도가 높은 불덩이였는데, 팽창하면서 식어 가다가 어떤 단계에서(정확히는 모른다) 가스가 엉겨 모여 최초의 은하가 태어났다. 지금도 우주는 계속 팽창하고 있는데, 문제는 우주가 결국 붕괴할 (빅 크런치) 것이냐 하는 것이다. 우리의 미래는 중력의 손에 달려 있다.

팽창하는 우주

팽창에 제동을 걸 수 있을 만큼 충분한 물질이 없다면 우주는 영원히 팽창하며 오른쪽 그림의 위쪽 흐름을 따라갈 것이다. 모든 은하의 질량을 합해도 팽창하는 것을 막는 데 필요한 양에 훨씬 미치지 못한다.

대붕괴(빅 크런치)

그러나 천문학자들은 우주에는 눈에 보이지 않는 대량의 암흑 물질이 있어 그것이 우주의 팽창을 막을지도 모른다고 생각하고 있다. 이 경우에는 중력 탓으로 우주가 일정 크기를 넘지 않는다. 그 뒤에는 중력 쪽이 강해져 우주가 수축해 간다.(그림의 아래쪽 흐름) 우주의 모든 물질이 빅 크런치라 불리는 순간에 다시 한 점으로 모이는 것이다. 그리고 이것이 다시 빅 뱅을 일으켜 우주가 다시 태어날지도 모른다. 다만 그 우주의 모습이나 구조가 지금과는 전혀 다를 것이다. 아마도 우주는 결코 사라지는 일 없이 대폭발과 대붕괴를 되풀이할 것이다.

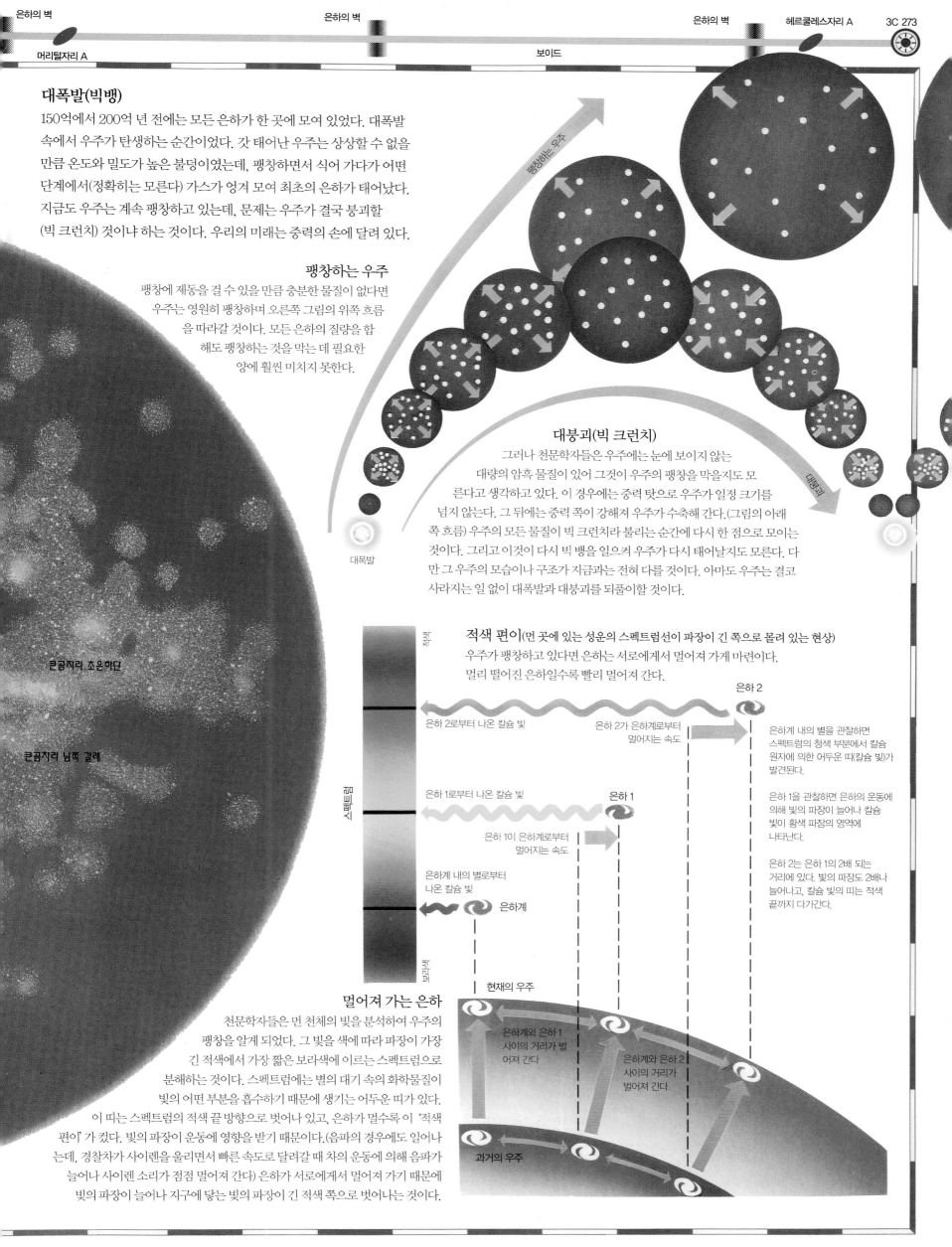

큰곰자리 초은하단

큰곰자리 남쪽 갈래

대폭발

적색 편이 (먼 곳에 있는 성운의 스펙트럼선이 파장이 긴 쪽으로 몰려 있는 현상)

우주가 팽창하고 있다면 은하는 서로에게서 멀어져 가게 마련이다. 멀리 떨어진 은하일수록 빨리 멀어져 간다.

은하 2로부터 나온 칼슘 빛

은하 2가 은하계로부터 멀어지는 속도

은하 2

은하 1로부터 나온 칼슘 빛

은하 1이 은하계로부터 멀어지는 속도

은하 1

은하계 내의 별로부터 나온 칼슘 빛

은하계

은하계 내의 별을 관찰하면 스펙트럼의 청색 부분에서 칼슘 원자에 의한 어두운 띠가(칼슘 빛)가 발견된다.

은하 1을 관찰하면 은하의 운동에 의해 빛의 파장이 늘어나 칼슘 빛이 황색 파장의 영역에 나타난다.

은하 2는 은하 1의 2배 되는 거리에 있다. 빛의 파장도 2배나 늘어나고, 칼슘 빛의 띠는 적색 끝까지 다가간다.

멀어져 가는 은하

천문학자들은 먼 천체의 빛을 분석하여 우주의 팽창을 알게 되었다. 그 빛을 색에 따라 파장이 가장 긴 적색에서 가장 짧은 보라색에 이르는 스펙트럼으로 분해하는 것이다. 스펙트럼에는 별의 대기 속의 화학물질이 빛의 어떤 부분을 흡수하기 때문에 생기는 어두운 띠가 있다. 이 띠는 스펙트럼의 적색 끝 방향으로 벗어나 있고, 은하가 멀수록 이 '적색 편이'가 컸다. 빛의 파장이 운동에 영향을 받기 때문이다.(음파의 경우에도 일어나는데, 경찰차가 사이렌을 울리면서 빠른 속도로 달려갈 때 차의 운동에 의해 음파가 늘어나 사이렌 소리가 점점 멀어져 간다) 은하가 서로에게서 멀어져 가기 때문에 빛의 파장이 늘어나 지구에 닿는 빛의 파장이 긴 적색 쪽으로 벗어나는 것이다.

현재의 우주

은하계와 은하 1 사이의 거리가 벌어져 간다

은하계와 은하 2 사이의 거리가 벌어져 간다

과거의 우주

거기 누구 있어요? *Is Anybody There?*

우주에 우리만 외톨이로 살고 있을까? 지구에만 생명체가 존재한다는 것은 있을 수 없는 일처럼 생각된다. 우주에는 태양과 같은 항성이 수없이 많고, 지구와 비슷한 행성도 셀 수 없이 많다. 그러나 태양 이외의 항성을 도는 행성은 아직 발견되지 않았다. 설사 있다 해도 그곳에 생명체가 있을까? 태양계 안에서는 지구와 가장 비슷한 화성에 조차 생명의 희미한 흔적마저 없다. 우리보다 진보한 문명을 지닌 종족이라면 수백만 년 사이에 전 우주에 무인 탐사선을 보낼 수 있었을 것이라고 추정하는 과학자도 있다. 하지만 지금까지는 지구 바깥의 생물이 우리를 방문하고 있다는 뚜렷한 과학적 증거가 발견되지 않았다. 과학자들은 우주에서 생명체를 찾는 노력을 멈추지 않고 있다. 현재 외계 지적 생명체 탐사(SETI)는 천문학 가운데서 매우 활기찬 분야이다. 만약 우주인이 발견된다면 그것은 인류 사상 가장 중요한 사건이 될 것이다.

지구의 메시지를 보낸 구상 성단 M13. 1974년에 천문학자들은 푸에르토리코의 아레시보에 있는 지름 305m의 세계 최대 전파 망원경의 파라볼라를 이용해 별이 밀집된 이 성단에 전파 메시지를 발사했다. M13은 25,000광년 떨어진 곳에 있고, 메시지는 광속으로 여행하고 있으니까 응답을 기대할 수 있는 것은 적어도 5만 년 이후이다.

작은 첫걸음

우주의 생명 찾기 여행은 이제 시작이다. 12명의 우주 비행사가 달에 발자국을 남겼지만 작은 첫걸음에 지나지 않는다. 달과의 거리는 겨우 38만 4천km, 화성을 오가는 데는 적어도 2년이 걸린다. 무인 탐사선보다는 우주 비행사들이 훨씬 자세히 생명체를 조사할 수 있을 것이다. 하지만 태양계의 다른 장소에 생명체가 존재하지 않는다는 것은 확실하므로 그들은 다른 별의 세계까지 생명체를 찾으러 가지 않으면 안 된다. 현재의 우주선으로는 이 여행은 몇 세대가 걸릴 것이다.

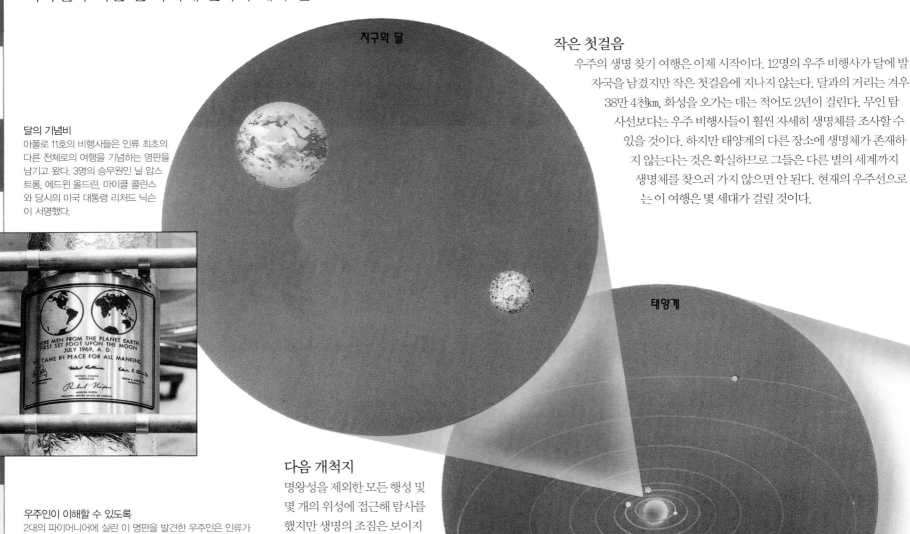

지구와 달

태양계

달의 기념비

아폴로 11호의 비행사들은 인류 최초의 다른 천체로의 여행을 기념하는 명판을 남기고 왔다. 3명의 승무원인 닐 암스트롱, 에드윈 올드린, 마이클 콜린스와 당시의 미국 대통령 리처드 닉슨이 서명했다.

다음 개척지

명왕성을 제외한 모든 행성 및 몇 개의 위성에 접근해 탐사를 했지만 생명의 조짐은 보이지 않았다. 생명체는 복잡한 구조를 만들 수 있는 탄소와 생명 활동을 지속시키는 화학 물질을 녹이는 물이 필수적이다. 그러나 태양계에서 물은 지구에밖에 존재하지 않는다. 현재 4대의 우주선이 태양계를 벗어나고 있는데, 가까운 시일 안에 은하계 내를 떠돌게 될 것이다. 이들 우주선에는 지구의 메시지가 실려 있다. 파이어니어 10호와 11호는 명판(왼쪽)을, 보이저 1호와 2호는 55개국 언어로 된 인사말을 비롯해 지구의 갖가지 소리가 녹음된 엘피(LP) 레코드(오른쪽)를 싣고 있다.

우주인이 이해할 수 있도록

2대의 파이어니어에 실린 이 명판을 발견한 우주인은 인류가 어디에 있는지, 어떤 모습을 하고 있는지 등 많은 것을 알아낼 수 있을 것이다.

우주는 생명으로 가득 차 있을까?

은하계 내의 항성의 수와 항성이 지구형 행성을 지닐 확률의 추정을 바탕으로 천문학자들은 이 은하계에 얼마나 많은 문명체가 존재할 수 있는지 계산해 보았다. 계산 결과 천만 개에서 1개에 이르기까지 폭이 넓었다. 그러나 이 은하계는 수십억 개의 은하 중 하나에 불과하다. 우주를 구성하는 모든 은하단, 초은하단, 초은하단의 연쇄 속에는 생명체가 존재하지 않을까? 하지만 너무 멀리 떨어져 있어 의미 있는 교신은 할 수 없을지 모른다. 어쩌면 생명 형태가 너무 달라서 공통점이 전혀 없을지도 모른다. 생명의 문제는 우주에 대해 답할 수 없는 유일한 문제이다.

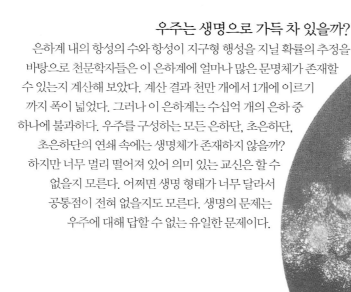

국부 초은하단

미지의 세계로 보낸 메시지

우주인에게 맨 처음 보낸 아레시보 메시지는 현재 은하계의 헤일로 속에 있는 구상 성단 M13을 향해 날아가고 있다. 50만 개의 별로 이루어진 성단인 만큼 생명체가 존재할 가능성은 충분하다. 메시지는 1,679개의 점멸(2진법) 신호의 문자열로, 수학적인 사고를 하는 우주인이라면 그것으로 그림을 그려낼 수 있을 것이다. 이 그림은 우리의 숫자 체계, 생명의 기초 구조, 인간과 아레시보 망원경의 윤곽, 그리고 태양계에 있어서의 지구의 위치를 나타내고 있다. 이 메시지는 진심으로 우주인과 연락을 취하려 한 것이 아니라 우주인이 서로 어떻게 대화를 나누는지 알아보기 위한 것이다.

은하계

M13

아레시보 메시지

M13을 향해 발사된 전파 메시지는 1,679(23×73)개의 점멸 신호로 이루어졌다. 신호를 23×73의 직사각형으로 늘어놓으면 그림이 나타난다.

가까운 별들

1920
1936
1962
1976

바이킹

텔스타

최초의 공공 텔레비전 방송

최초의 정규 라디오 방송

텔스타에서 베가(직녀성)까지

텔스타는 1962년 8월에 미국과 유럽 사이의 첫 텔레비전 영상의 생중계를 실현했다. 지름은 겨우 90cm이지만, 1988년에 이 역사적인 방송 전파가 베가에 이르렀다.

인류의 존재 표시

텔레비전, 라디오 프로의 전파는 지구상에만 미치는 것이 아니라 우주 공간으로도 새어 나간다. 그리고 광속으로 은하계 안에 퍼져 간다. 1920년의 최초의 라디오 방송 전파는 이미 태양에서 70광년 이내에 있는 별들을 지나쳤고, 최초의 텔레비전 프로를 전하는 신호는 60광년 떨어진 곳에 이르고 있다. 좀더 가까운 별의 세계에서는 화성에 착륙한 탐사선 바이킹과 지구와의 1976년의 교신 전파 같은 것을 잡았는지도 모른다. 이와 마찬가지로 지구의 전파 망원경도 다른 항성을 도는 행성에서 '새어 나온' 방송을 잡을 가능성도 있지만, 지금까지는 전혀 발견되지 않았다.

찾아보기

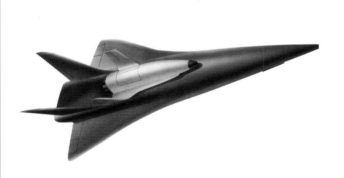

글 / 헤더 쿠퍼
세계적인 천문학자. 영국 천문학 협회 회장, 주니어 천문학회 회장을 지냈다. 20여 권에 달하는 천문학 관련 책을 냈으며, 현재는 과학프로그램을 제작하는 영상 회사를 경영하고 있다.

글 / 나이젤 헨베스트
과학 분야의 세계적인 작가이자 TV 캐스터. 〈뉴 사이언티스트〉 잡지의 천문학 고문, BBC 방송국의 과학 퀴즈 프로그램인 '리트머스 테스트'의 사회자로 일했고, 영국 천문학회 기관지의 편집자, 왕립 그리니치 천문대의 고문을 맡았다. 20여 권의 과학 관련 서적을 냈다.

그림 / 루치아노 코르벨라
이탈리아 출신의 세계적인 삽화가. 특히 아동 도서 분야에서 오랫동안 활동했다. 천문학, 박물학, 지질학, 선사학, 해부학 분야의 많은 책을 펴냈다.

번역 / 박인식
서울대학교 공과 대학을 졸업하고 동 대학원에서 공학 석사, 미국 캘리포니아 주립대에서 공학 박사 학위를 취득했다.

감수
이시우
서울대학교 천문학과와 동대학원을 졸업했다. 미국 웨슬리안대학교 석사과정을 거쳐 호주국립대학교에서 천문학 박사학위를 받았다. 서울대 천문학과 교수를 역임했으며, 지은 책으로는 『은하계의 형성과 진화』 『태양계 천문학』 『별처럼 사는 법』 『천문학자와 붓다의 대화』 등이 있다.

최석영
서울대학교 지구환경과학부와 동대학원을 졸업했다. 대성 전국 모의고사 출제위원, 메가스터디 강사로 있었다.

박영주
서울대학교 사범대학 지구과학교육과를 졸업하고, 서울대학교 자연과학대학원 대기과학과를 졸업했다. 중학교 과학교사로 있다.